行徳哲男
松岡修造

強い メンタルをつくる「人生の授業」

「心の限界」を突破できる人は、どこが違うのか

致知出版社

まえがき

精神爽奮《そうふん》なれば則ち百廃倶《ひゃっぱいとも》に興《おこ》る
肢体怠弛《したいたいし》すれば則ち百興《ひゃっこう》倶に廃《すた》る
聖人の天下を治むるや、人心を鼓舞し士気を振作《しんさく》し、
務めて天下の人をして含露《がんろ》の朝葉が如からしめ、
久旱《きゅうかん》の午苗の如きを欲せず

呂新吾

中国明代の哲人・呂新吾《ろしんご》の言葉である。

精神が感動し奮い立てば百の廃れたことも一斉に興る。逆に、精神が怠け弛むと百の興っていたことも一斉に廃れる。

故に、リーダーは常に人の心を鼓舞し、やる気を奮い立たせ、朝の露を含んだ葉のように生き生きとさせ、昼のぐったりとした苗のようにはしないことが大事だ。感奮

興起こそ人生の要――私が五十余年、言い続けてきたことである。
ここに三十年ぶりで松岡修造君とそのことを語り合うことができた。本書が現代に生きる若者たちの心を感奮興起させるものになることを祈るや、切。

行徳哲男

強いメンタルをつくる「人生の授業」
——「心の限界」を突破できる人は、どこが違うのか／**目次**

第二章　氣魄と氣力が生まれる「心と魂の授業」

第三章 人間としての深みが出る「感性の授業」

第四章 自分の限界を突破する「奇跡の授業」

第五章

最高の人生を実現する「幸福の授業」

ブックデザイン　秦　浩司
写真　齊藤文護
編集協力　柏木孝之

第一章

強い自分と出逢える「人生の授業」

強いメンタルは「感性」からつくられる！

松岡　行徳先生、今日はよろしくお願いします。
行徳　やぁ修造君、お久しぶり。元気そうで。
松岡　先生、体調のほうはいかがですか？
行徳　眼を患っていてね、文字も人の顔もだいぶ見えなくなってきたよ。加齢黄斑変性症《おうはんへんせいしょう》だそうだ。前に山中伸弥教授にお会いして話を聞いたんだけれど、今のところｉＰＳ細胞で黄斑変性症を治すのは難しいそうだ。
　ただね、目が見えなくなってから見えてくるものがいっぱいある。最初はなんでこんな病気に罹《かか》るんだろうと思い煩っていたけれど、今は目が不自由になったおかげで、かえっていろんなものが見えてきた。特に感覚的な鋭さが増してきたよ。
松岡　その研ぎ澄まされた心眼には今、何が映っていますか？
行徳　とにかく現代は虚構、見せかけが多すぎる。お世辞とかおべっかとか美辞麗句が並びすぎる。見事に飾り立てとるよ。やっぱりこれからは正直な感覚の時代だ。実感の時代だよ。

人間の論理的な部分はだいぶAIが取って代わるだろうから、逆に我々が提唱してきた感性が益々必要とされる時代になるだろう。

もっと自分の本気とか本音に対して妥協しないほうがいい。人の目を気にしてなまじ妥協することはダメだよ。感性のままが一番強いんだから、妥協なんてする必要はない。

三万人の心に火をつけた、人生の師匠の教え

松岡　先生にまずお伝えしておきます。今日は対談じゃないと捉えています。僕はこれまで二十数年間、日本や世界のたくさんのトップアスリートにインタビューしてきました。だから今日は、九十歳を超えられた先生にインタビューしたいと思っています。いつもは先生から教えを受ける立場ですけれど、今日は全く逆の形で勝負したい。
行徳　そうか。
松岡　はい。ですから、先生にインタビューするということはどういうことか、ずっと考え

ていました。先生の本や先生の記事が載っている『致知』のバックナンバーもいろいろ読み返しました。

ただ、こう言ったら怒られるかもしれませんが、今日、僕は先生から大きな武器を一つ取り上げたいと思います。それは、先生が譬《たと》え話でよく取り上げられる歴史的人物の言葉や逸話をできるだけ入れないということです。

先生の「誰々がこう言った」という話を聞くと僕は感極まるんですよ。でも、それは先生の言葉じゃない。僕は先生そのものを感じたいんです。

行徳　それはありがたい。

ただ、一つだけ言わせてほしい。学びには予習と復習がある。我々は予習をすると教室の中で知ったかぶりができるとったわけだ。しかしあるとき、先生から「大事なのは予習じゃない。復習だぞ」と言われた。おさらいしなければいけないぞ、というわけだね。私は若者たちを集めたときに、この〝おさらいの大事さ〟を必ず話しているんだ。それこそ修造君とは三十年の付き合いだけど、今日はおさらいを交えて語り合いたい。

松岡　もちろんです。僕がなぜ先生にインタビューしたかったかというと、失礼なことを言いますけれど、これが先生との最初で最後の「本気インタビュー」だと思っているからです。

もちろん今後もお会いしますよ。でも、それはインタビューじゃない。僕は先生の心の声を知りたいんです。今の日本人に何を一番伝えたいか。どう感じているか、先生の心の声を聴いていきたい。

行徳　それはぜひやってもらいたいテーマだ。

「ぼんやり・なんとなく・だらだら」生きない

行徳　少しだけおさらいから入ろうか。一八五五年十一月十一日、デンマークの首都コペンハーゲンという町にたいそうな雪が降った。町の人たちがシャベルを持ち出して雪かきをしておった。ところが、そのシャベルに人が引っかかった。みんなで掘り起こして病院まで担ぎ込んだのはいいけれど、誰もそのあと彼を世話しようとしない。それどころか、あんな野郎は真っ平御免だというわけだ。

この人物は当時デンマーク一の嫌われ者だった。婚約破棄した女性と結婚後に密通していたというスキャンダルがあったのも一つの理由だが、それ以上に彼が徹底的にデンマークの人たちから嫌われたのは、大変敬虔《けいけん》なクリスチャンであった彼が、日曜日になると教会の前で礼拝に来る人たちにばら撒《ま》いていた『瞬間』というチラシに理由があった。そこにはこんなことが書かれていた。

あんたたち、月曜日から土曜日までおよそぼんやり生きてこなかったか。なんとなく生きてこなかったか。だらだら生きてこなかったか。朝になったら起きて、飯を食って仕事に出かける。なんとなく仕事を終えて家へ帰ってきて、なんとなく家族と語らい、なんとなく晩飯を食ってなんとなく床に入る。それは犯罪ではないけれど明らかなる罪だ。たった一度しかないこの人生、月曜日から土曜日までぼんやり生きていながら、日曜日になったらノコノコと教会にやって来てアーメンを唱える、十字を切る、賛美歌を歌う。そして牧師の話を聞くことによって、曖昧や半端を生きたことの罪は許してもらえたと錯覚して、また月曜日から曖昧、半端になんとなく生きる。そんなことならば、教会の礼拝なんか止めてしまえ――。

そういって彼は教会を攻撃した。デンマークは宗教国家で国が教会を建てるから、牧師は公務員の扱いすら受けている。その国教を攻撃したものだから総スカンを食らって、道を歩いていたらいきなり石を投げつけられたこともあった。しかし、そのような攻撃を受ければ受けるほど、「俺は間違いなく生きているんだ」という生の証だけは鮮烈に残して、雪の中で野垂れ死にをした。

この人物は、君も知っている通り、実在主義の哲学者セーレン・キェルケゴールだ。四十三歳でこの世を去った彼の生き様と死に様は、間違いなく私のバックボーンをつくってくれた。

決定的に大事なのは存在なんだよ。人間が自分を生きるということを存在とか実存とかいう。ドイツ語で存在はエクシステンツ。「エク」は「離れて」という意味、「ステンツ」は英語のスタンドだから「独立」というか「自分を生き切る」という意味になる。だから、存在とは自分を生き切ることだ。

この存在が今は不鮮明だよ。一人ひとりが曖昧で半端だもの。我々現代人は自分を生きとらんよ。自分が不確かだ。紛れもない私を生きているという証がない。やっぱり独立した自分を生き切らなきゃ。

心の鎧と兜に、一瞬で亀裂を入れる

松岡　僕が最初に言ったルールがありました。僕は先生が今何をどう考えているかを知りたい。今のお話は先生の出されている本の中に入っていますから、読もうと思えば読めるんですよ。でも、僕が読者に伝えたいのは先生の考え方なんです。あの山の中（箱根の研修所）でどんな気持ちなのかなって。

行徳　修造君、絹をつくる蚕っていうのは何を食べている？

松岡　蚕は葉っぱですね。

行徳　桑の葉っぱだね。何色をしている？

松岡　緑。

行徳　では、蚕が口から出す糸は何色になっている？

松岡　白。

行徳　白。そこだ。確かに僕はいろんな人物を引き合いに出すけれど、そのときに自分のものにして出さなきゃいけないんだよ。

確かに話の中に私が不在の場合もあるかもわからんけれど、どんな話にも私自身が練り込まれていることは確かだよ。

松岡　僕がここでお聞きしたいのは、先生がどう思ったか、どう感じたかということなんです。譬え話を入れるのはＯＫだとしても、僕は先生の心が知りたい。それが今日一番のメインだと思ってください。

行徳　うん。

松岡　そこで、先生、今どんな気持ちですか？

　この問いは、僕が、先生が独自に開発されたＢＥ研修（Basic Encounter Training）を受けるために箱根の山に入ったとき、最初に問いかけられた言葉です。覚えていますか？

行徳　覚えとるよ。

松岡　この「今どんな気持ちですか？」という問いかけを、先生は山籠《やまご》もりの修行に来た人たちに最初にしますよね。どうしてこの言葉を選択したんですか？　僕はそれをすごく知りたいんです。僕が思うには、先生の主宰するＢＥ研修というものが感性のダイナミズムを取り戻すことをメインに考えていたからこそ、「今どんな気持ちですか」と最初に聞いたのではないでしょうか。

でも、日常生活の中でそうやっていきなり聞かれることって基本的にありません。先生はなぜその言葉を選択されたのですか？

行徳　人間というのは好むと好まざるとにかかわらず、とにかくディフェンシブだよ。どうしても他人を敵だと思うような見方をしがちで、敵から自らを守るために鎧《よろい》を着たり兜《かぶと》を被ったりする。人間はそういうディフェンシブなメカニズムで生きている。特に山に修行に来る人たちは、そういう仮面をもろに持ち込んできているわけだ。これに対して一瞬で亀裂を入れるきっかけで、「今どんな気持ちですか」と投げ掛けるんだよ。

研修の冒頭、二〜三時間くらい沈黙するでしょう。当時は目が不自由じゃなかったから、私はそこで本当に集中して、一人ひとりの人間がどんな心の状態なのかを観ていた。そこは集中の極となる。

松岡　一人ひとりの心を観ていたということですか？

行徳　ちょっとした仕草や表情、雰囲気からじっと観ていた。動物的な感覚で、この人間は集中が乱れているとか、私に対して敵意を持っているというのは感覚的にわかる。そういう敵意を持っている人間が、「この野郎！」と殴りかかってくるわけですよ。

松岡　こういう話が面白いです。こういう感覚でやりましょう。

自分の弱さに気づいたとき、人は一つ、強くなる

行徳　実在の人物で話をすると、関西のある高校の野球部にH君という子がいた。ちょうど修造君と同じくらいの背の高さで、百五十キロの剛速球を投げるピッチャーだったけど、コントロールが悪く、公式戦で投げさせてもらえなかった。その高校は甲子園の常連校で彼の代にも甲子園に出たんだけれど、彼はベンチにすら入れなかった。それで生活が荒れていたんだ。

見かねた監督がどうにかこの子を救いたいということで、大学のある先輩に相談した。H君は、その先輩の薦めで山に来たわけ。彼は入ってきたときから敵意剝《む》き出しだった。

松岡　彼はなんで敵意を持っていたんですか？

行徳　俺をこんなところに放り込みやがって、此畜生《こんちくしょう》という思いがあるから。それはもう咄《とっ》嗟《さ》に見抜ける。二時間の沈黙のあと、「向かって来い」と言ったら彼はすごい勢いで殴りかかってきた。

松岡　先生はそんなに身体は大きくないですよ。巨漢で腕力のある人間が殴りかかってきた

ら……。

行徳　殴られたら私はふっ飛ぶよ。しかし、これが啐啄同機《そったくどうき》といって訓練のたまものだけど、彼は一瞬でワーッと泣き崩れた。

松岡　ちょっと待ってください。どうやって彼は崩れるんですか？　だって殴りかかってくるわけですよ。力でくるわけでしょう？

行徳　怒りを頂点まで持って行かせて、殴りかかってきたその瞬間に、たったひと言、「失《う》せろ！」と。バーンと気持ちを切るんだ。怒りや敵意というのは飾りができない。だから修造君が一番好きな〝本気〟で殴りかかってくる。

　これがスタメンになるような奴だったら崩れない。彼は僕が憎くて、しかも二時間くらい黙っていたからね。

松岡　あえて沈黙を通しながら、怒りが頂点に達したところで「向かって来い」と。そして、殴りかかってきたところでバーンと「失せろ！」って言ったんですか。そうしたら一瞬で泣き崩れた。それで彼はどうなっていくんですか？

行徳　H君はもう泣いて泣いてね。

　そして、そのあとに一つの物語があった。H君の二つ隣りに、あるヤクザの大親分が座っていたんだけど、H君は親分の胸に飛び込んで行ったんだ。その親分も長身で、飛び込んできた彼を抱き締めた。

すると、そこにいた若者たちが全員泣き崩れてその人の胸に飛び込んで行った。みんな感覚が鋭くなっているから、親分の度量の大きさに一瞬で気が付いたんだろうね。ヤクザの親分といえば確かに反社会的な人物なのかもわからんけれど、人間の大きさはさすがに任侠《にんきょう》の世界で上に立って生きているだけある。我々のBEは、来る者は誰でも分け隔てしないから、そういうドラマが目の前で展開していったんだ。

すべてをさらけ出したH君は、その後見事に甦って、大学では野球部のエースになり、社会人でも活躍した。今は幸せな家庭を築いているよ。

松岡修造が「心の限界」を突破できた理由

松岡　そもそも先生はどうしてBEで感性というエモーショナルな部分を切り開こうとした

んですか？　そういうことをしている人はいませんよね。似たものはあるかもしれないけれど、あれは先生じゃなきゃできません。そう断言できるのは、先生が僕を変えてくれたからです。これは間違いない。

僕は山に入らせてもらって何が一番自分の中で変わったかと言われても、正直よくわからないんです。ただ僕が変わったんじゃなくて、先生の魂が僕の中に入ってきて変えてくれたと感じるんです。この感覚は、山に入って、あの雰囲気の中で先生の魂を感じない限り、たぶんわからないと思いますけれど。

行徳　いや、変えたんじゃない。自分に返ったんだよ。人間なんて変わらないよ。本当の自分に返っただけで変わりゃせんよ。

松岡　省みることができた。自分自身を見ることができたんですね。

行徳　そう。本当の自分を見たんだよ。

松岡　先生は人間が好きですか？

行徳　大好きだね。

松岡　でも、山に来た人の中には嫌な人もいたでしょう。

行徳　数えてみたら六百十何回やったそうだけどね、一回として楽しい気分で行ったことはないよ。もう嫌で嫌でね。火曜日から山に入ったから、前日の月曜日は誰とも会いたくなくて一人でじっとしていたよ。それくらい前の日は緊迫していた。

山、すなわち研修場所のある箱根には熱海駅経由で行くわけだけれど、必ず東海道線の各駅停車に乗る。鈍行のグリーン車だと誰も乗っていないから、二階が一番の上席でね。各駅に停車するから時間はかかるけれど、二時間近くずっと瞑想できる。ただし、瞑想というと聞こえはいいけれど毎回怖かった。

松岡　そういう怖さを持ちながら一日前に行くわけですか。

行徳　本当は一日前に行きたいけれど逆に怖くて。だから朝、鈍行でゆっくり行く。

松岡　熱海というのは、昔、家族旅行で行ったときは楽しい場所でした。でも、山に入るために熱海駅で降りたときは血の気が引いていくような感覚がありました。僕は僕で、これから何が起きるんだろうと不安に感じていたんです。でも、先生は先生で、一人で怖かったわけですね。

行徳　すべてが怖かった。何を見ても怖いし、向かうタクシーに乗っていても怖かった。五十年間、毎回怖かったよ。一番逃げ出したかったのは僕だと思う。どんな世界のどんな人が来ているかわからないんだから。

松岡　たぶんそれは今まで先生に会った人が誰一人理解できていないところだと思いますよ。先生は誰にも負けない強さを持っておられる方だとみんな見ていますから。

人間の嫉妬・敵意・反感・憎悪を、否定しない

松岡　先生の抱いた怖さというのは具体的にどういうものなんですか？

行徳　人間の奥底にある怖さだね。一番怖いのは反社会的な感情。我々は普段、「ありがとう」「あなた、いい人だね」「嬉しかったよ」といったふうに肯定的な感情だけ口にしているけれど、人間の実像を見れば、嫉《そね》みがあり、妬《ねた》みがあり、敵意があり、反感があり、憎悪がある。こういった反社会的な感情に手を突っ込んでいくんだから怖いよ。

相手はディフェンシブだから、自分を守るために敵意を持ってかかってくる。そういう人間が持つ嫉妬や敵意や反感や憎悪と対峙《たいじ》しなくてはいけない。それが怖い。

松岡　もともと先生は共産党の人たちと闘っていて、人間の怖さをさんざん見てきたと思う

んです。であるならば、わざわざそんな怖いことをしなければいいじゃないですか。それは使命感ですか？

行徳　使命感なんてそんな洒落《しゃれ》たものは全くなかった。

松岡　人を変えたかった、人を救いたかったということですか？

行徳　それも結果的にそうなっただけで、最初はそんな綺麗事じゃない。

松岡　綺麗事じゃない……。

行徳　そんな綺麗事では生きていないよ。共産主義と闘うという仕事は普通のサラリーマンにはできないからね。でも、それが自分の職場だったから。

松岡　それは仕事だったわけですね。でも、次に先生が選択したＢＥは感性学であって、行徳哲学によって自分にしかできないものをつくり上げるということでしょう。ある意味、先生がやっていることは、本当の自分に気づかせることにプラスして、その人を応援しているようにも感じます。「お前はもっとできる」ということを伝えているように思うんです。

僕は人を応援するのが生きがいなのですが、向き合い方は先生とは全く違います。先生の場合、殺される感覚だってあったわけじゃないですか。

行徳　それは毎回そうだった。ちょっとでも目の怯《ひる》みがあったらダメだったろうね。空手の

チャンピオンをはじめ、いろんな格闘家もやって来た。ミュンヘン・オリンピックの男子柔道ブラジル代表で銅メダルを獲った石井千秋（チアキ・イシイ）が殴りかかってきたこともあった。

松岡　ブラジルからわざわざ研修を受けに来たんですか？

行徳　そう。

松岡　なんで石井さんは先生を殴ろうとしたんですか？

行徳　やっぱり敵意だね。

何を言っても、「偉そうなことを言っているけど、俺だって世界チャンピオンだぞ」というところへ持ち込んでいくからね。あの巨体で蹴られたときは、さすがに……。でも、彼も最後は泣いて泣いて。

松岡　石井さんの弱さというのはなんだったんですか？

行徳　石井千秋はおじいちゃんの代にブラジルに移民したらしいけれど、ご両親がブラジルへ開拓に行ったときのつらさとか苦労話を聞いていたんだね。そんな心の奥底に封じ込めていた気持ちがＢＥの研修の中で甦ってきたんだね。

その後、海外研修でブラジルに行ったときには彼が空港に来てくれて、開口一番、「みんな、どんな気持ちですか」って迎えてくれたよ。今はブラジルの柔道部の監督。もう八十いくつだからね。彼は印象的な男だったな。

本気と本気がぶつかるとき、心は確実に変わる

松岡　ＢＥ研修というのは一人で受けるわけじゃないですよね。十六人ぐらいでしたか。

行徳　大体十五人から二十五人だね。

松岡　研修を続けていくうちに、その人たちの思いをどんどん感じるようになって、全員が一つになっていく。そういう中に、心を開かない人がいると許せない気持ちになってくるんです。

行徳　許せなくなってくるね。そんな鈍い人間が許せなくて。椅子をぶん投げてきた奴もいた。椅子は壁に当たって粉々になって、その弁償を我々がやらなきゃいけない。

松岡　先生はそれを見ていてどうしましたか？

行徳　「よくやった」と言ったよ。

松岡　僕がすごく難しいなと思うのは、自分の意志ではなくて、誰かに「あそこ行ってきなさい」と言われて連れてこられた人ですよ。僕は自分から先生に会いたいという気持ちで行きましたけれど、誰かに連れてこられた人、その期間だけとにかく過ごせばいいやと考えて来た人の思いはどうしても中途半端になってしまう。そういう人と向き合うのが一番大変なんじゃないですか？

行徳　やって来る人間のほとんどは中途半端だよ。逆に、会社が倒産したとか自ら命を絶ちたいと思っているような連中は中途半端じゃない。その点では、一番御しやすいのは切った張ったの世界に生きているヤクザ。彼らはいつ襲われるか、いつ人を殺《あや》めるかもわからんから半端な気持ちでは生きられない。ものすごい敵意を持って、本気でぶつかってくる。本気というのは僕の一番好きな言葉。本気と本気がぶつかると瞬間で変わる。

松岡　読者の方でもなんとなく自分に自信を持てないとか、中途半端さを感じている人は多いと思います。僕もそのうちの一人だと思うんです。そういうなんとなく生きている人に先生はどう接していきましたか？

行徳　追い詰めるしかない。逃げ場をつくったらダメ。逃げ場を塞《ふさ》いで追い詰めたら、もう追われるしかない。そこで平手を何発か入れて本心を引っ張り出すんだ。

松岡　でも、今の社会は暴力的なものはダメですよね。昔の指導と変わらざるを得ないし、今の先生の話を聞いて「じゃあ愛の鞭を」という気持ちにはならないでしょう。

たとえば以前行徳先生もいらっしゃっていた講演会で、僕は主催者の方にリーダーとしての思いを伺ったのですが、その方は自分の思いを言葉にできず、途中で諦めてしまった。別にその方を追い詰めたわけではないのですが、先生だったら「感受性微弱！」と言って一喝されたと思いますよ、間違いなく。

でも、僕はそうしませんでした。それはなぜか。ひと言で言うと人の目があったからです。表に出る人間として、自分が発した言葉や行動が与える影響を考えて心のブレーキがかかってしまう。だから、先生と同じようにはできなかった。はっきり言って弱かったんですよ。

行徳　それを言ったら、若い経営者たち、親の会社を継いだ二世の連中たちの甘さったらないな。やっぱり、ぼんぼんなの。甘えるし、すぐに逃げる。土居健郎《たけお》先生が書かれた『甘え」の構造』という本があるけれど、日本人はすぐに甘える。甘さとか他者依存というのは感性摩滅の要因だよ。

去る者は追うな、放っておけ

松岡　ＢＥ研修で先生が最初部屋に入ってくると、まず一人ずつ睨《にら》むじゃないですか。絨毯《じゅうたん》の上にバーンと立ってガッと睨まれたとき、光線みたいに氣のビームが発せられたように感じて。そんな経験はあの時が初めてでした。

だから、こっちも勝負しようと思って睨み返そうとしたけれど、先生のビームで押される感じがして後ずさりしてしまった。あのとき先生は何を発していたんですか？

行徳　あれは波動の様なもの。こっちも怖いから目を逸らさないよね。それこそ一時間も二時間も逸らさないときがある。ちょっとでも目の怯みがあったら一発食らっちまうからね。

松岡　クッと睨んでいる瞬間、先生は一人ひとりに何かを伝えていると思うのですが、何を伝えようとしているんですか？

行徳　自分に気づけよ、と。相手も何かきついことがあってここにいるんだろう。それがわかると何かしてあげたいという気持ちがどんどん高まってくるんだよ。

松岡　そんな思いがあったんですね。

行徳　そこらへんまではね。同時に怖さがあった。最初はみんなよりも僕のほうが怖いと思うよ。

特に研修を始めたばかりの若いころは、みんな年上でしょう。僕は三十七歳だったけれど、来ている人は四十〜六十代の人が多かった。それこそ軍隊経験のある、銃弾の下をくぐってきたような人が何人もいたわけですよ。将校だったという人には「貴様！　若造のくせに生意気だ！　俺は弾の下をくぐってきたんだぞ。貴様からそんなこと言われる筋合いはない！」と恫喝されたよ。この人は戦後、会社を興して経営者になった人だったけれど。

松岡　先生はその人にどう言ったんですか？

行徳　「ここも戦場。命懸けの場ですよ。あなたのような人には誰も慕って来ないだろう」と言ってやった。すると、その人は部屋から出ていってしまったんだ。

松岡　その人は、俺はこれだけ命懸けでやってきたという過去を先生に伝えて、自分のほうが立場が上だと示そうとしたのでしょうね。でも先生からはっきり言われたから気に食わなかった。

行徳　私も若かったし、無我夢中だったからね。

松岡　それでその人はどうなったんですか？

行徳　部屋から出ていったその人を何人かが追おうとしたんだけれど、「追うんじゃない。出ていくんだったら放っとけ」と言った。そういう脱走者は初めてじゃなくて、何人もいたからね。でも、さすがに軍隊を経験していただけあって、その人はそのまま逃げずに、二セッションだけ外れて帰ってきたよ。

「人間万歳！」と自然に思えてくる生き方

松岡　先生は人間というものを最も深く見てきたと思うんです。人間の奥底にあるいやらしい部分も、その反対の素晴らしい部分も全部見ていますよね。そんな先生から見て、人間にはどんな可能性があると思いますか？

行徳　人間はまさに万物の霊長。人間に勝る存在はないよ。これはアインシュタインの言葉でね。アインシュタインが来日して仙台に行ったときに、「荒城の月」を作詞した詩人の土井晩翠《ばんすい》に会った。晩翠とアインシュタインは意気投合して、晩翠はアインシュタインに詩を送った。その返礼として、アインシュタインは晩翠に手紙を書く。それが人間讃歌というんだけれど、僕は人間万歳と訳している。

松岡　その人間万歳には、先生が見てきた人間のいやらしさとかも含まれているわけですか？

行徳　そこなんだ。現代人は理性や知性が勝ち過ぎている。とにかく人間を美化し過ぎているし、飾り立て過ぎているよ。本当の人間の実存的存在というのは、反社会的な感情にある。嫉み、妬み、怒り、悲しみ、敵意、反感、憎悪。これが本当の人間の本性だ。そこをみんな忌避している。

嫉み妬みがあって当たり前、人間だもん。敵意とか怒りとか憎しみ。それをさらけ出せばいい。本気と本気のぶつかり合いの中からのみ、人間の可能性が出てくるんだ。

「ウィンブルドン・ベスト8のメンタル」をつくる

松岡　この本の読者はＢＥ研修に行ったことがないので、山で何が起きているのかわからないと思います。だから、ちょっと具体化したいのですが、本気と本気がバンバンとぶつかると何が起きるんですか？

行徳　火花が散って人間の原点回帰が起こる。普通は出すことのなかった人間の原点がバーッと表に出てくる。

こんなことがあったよ。沖縄で研修をやったとき、ある大手企業の部長が参加していたんだけれど、どうしても心を開くことができなかった。研修は五日間と限られているから本人も焦り出したんだけれど、何をやってもダメなので最後は諦めかかった。それでも追い詰めて行ったら、最後に彼がぽつりぽつりと話し始めた。それはこんな話だった。

戦争中に彼の家族は家を焼かれてしまい、山の中の穴で生活していたそうだ。彼は一番年下で、小便がしたくなったから穴から外に出て行った。するとそのとき、彼の後ろで凄《すさ》まじい音がした。振り向いてみたらアメリカ軍の撃った砲弾が穴を直撃して、目の前で家族全員が吹っ飛んでしまったというんだ。それ以来、彼は心を固く閉ざして悲しみに耐え、苦しみに耐えて生きてきた。だから、彼は心を開けなくなってしまったんだね。

彼が話をし終えたとき、みんなが涙をこぼした。一方、すべてを吐き出した彼はもう嬉しくてしょうがなくなって、廊下を歩くときもスキップでぴょんぴょん跳ねていた。気がふれたんじゃないかって、ちょっと心配したくらいだったよ。

松岡　ぐっと溜めていたものを吐き出した。

行徳　出し切ったんだね。

松岡　僕も皆さんの前で、「テニスで勝てなくて自分が情けない。勝ちたい」って叫びました。なんで自分はこんなことを言ったのだろうという気持ちになりましたが、そういう雰囲気とか状況をつくってくれたのは先生です。ただ、語っているのは他の誰でもない自分なんです。いろんな思いが混ざり合って、こんなに自信を持てない情けない自分がいたことに気がついた。だから僕の場合は、先生に敵意はなかったです。

行徳　しかし悔しさがあったんじゃないか。二十歳のときに世界ランキング百位以内の壁を突破して、二十四歳で当時日本男子過去最高の四十六位まで上がった。修造君は日本のテニス界のプリンスだった。しかしその後、怪我や病気で苦しみ、大変な絶不調に陥ってね。デビスカップでは世界ランキング七百位台の選手に負けて、悔しさを叩きつけたじゃないか。自分がみじめだ、と叫んだ。

　正直言って、あのときは修造君の体が割れはしないかと思ったよ。それぐらい自分との戦いがすごかった。そうした自分との戦いを経て、その年にウィンブルドンに行って日本の男子テニス選手として六十二年振りのベスト8に入った。

松岡　ウィンブルドンのベスト8は、まさにあのときがあったからです。あのころは僕が人生でテニスに対して一番悩み、現役を退こうと思っていた時期です。そんな中で姉からこういう研修があると聞いて山に来ました。一九九五年、二十七歳のときのことです。

針が落ちる音さえ聴こえる、集中の極点

松岡　そのとき僕は、絨毯の毛が立つという初めての感覚を体験しました。先ほどビームが発せられたって言いましたけど、先生が部屋に入ってきた瞬間に僕はもう一歩も動けなくなって、先生以外は見えなくなった。そして絨毯の毛がブワッと立ち上がったんですよ。恐怖を感じました。あれは先生が出している氣魄でしょうか。

行徳　氣魄と氣力だろうね。宝塚市長を長く務めた正司《しょうじ》泰一郎《たいいちろう》さんも同じようなことを言っていたよ。集中の中の集中じゃなかったら、その現象は出ない。

松岡　集中の中の集中。

行徳　針が落ちる音すらも聴こえるくらい集中して、集中の極点まで行く。
　その集中を私に与えてくれた方は、浜松・方広寺《ほうこうじ》の荒金天倫《あらかねてんりん》老師。私は研修に入る前、天倫老師からいただいた形見の警策《けいさく》を前に置いて二時間、もっと長いときもあったけど、ずっと坐禅を組んでいたんだよ。
松岡　始める前に？
行徳　そう。ある意味、山は死に場所。それくらいの氣魄と氣力で臨まなければいけない。
　その点で、僕が見事だと思うのは長渕剛さんだ。長渕さんが描いた絵と詩をまとめた『殺気』という本があるんだが、それを今度是非見てほしい。まさに殺気に溢《あふ》れているよ。今、日本人に殺気がある人物なんかいないよ。まあ命を張っている渡世の世界に僅《わず》かいるくらいだろう。普通の人たちを騙したりするごろつきが「ヤクザでございい」なんてちゃんちゃらおかしい。任侠の世界に生きる本物のヤクザというのはそんなものじゃない。私のところにもそういう方が何人かおいでになっているけれど、やっぱり殺気がある。本当に恐いと思う。

今の日本人に一番必要なものは、氣魄と氣力

行徳　一昨日、国会議員会館に行っとったけれど、議員会館の中を歩いとっても、そんな殺気のような氣魄と氣力のある人物は全くいないよ。こんな連中が日本の舵取りをやっているから、今、日本が危なくなっている。

名前は言わないけれど、ある議員に、あんたたちが日本を喰いものにしているんだぞ、と言ったことがある。

松岡　その話は僕も聞いています。そのとき、先生には悔しさがあったんですか？

行徳　悔しさというか憤りだね。なんで国会議員が七百十三人も必要なのか。三分の一にしたら年間に七百四十億円も浮くそうだよ。ということは、七百四十億円が政治屋たちの喰いものにされているということだ。彼らにあるのは保身だけ。自分たちが選挙で勝つことしか考えていない。だいたいあの議員会館に行ったことある？

松岡　はい。

行徳　なんであんな豪奢《ごうしゃ》なものが必要なの？　彼らは豊かさと平和で太ったアヒルになって

いるんですよ。餌付けされた結果、池から飛び立つことができなくなった野生の鴨のことをキェルケゴールは書いているけれど、彼らは飼い馴らされてしまっている。彼らだけじゃない。日本人はみんな飼い馴らされてしまった。

しかし、ここなんだよ。失望したらおしまいだ。致知出版社から出ている『呻吟語《しんぎんご》を読む』という本を読むといい。明末の儒者である呂新吾《りょしんご》が嘆きと呻《うめ》きは違うと言っている。呻きからは光が見える。しかし嘆きからは何も生まれない。現代人は嘆きっぱなしだ。嘆き節だ。

松岡　そうなってしまって言い訳を考えるとすれば、一つ言えるのは時代の流れというものがありますね。先生が言われたように、戦争に負けたあと、日本人は頑張って働いて高度成長期やバブルのような好景気の時代もありました。でもバブルが弾けてからはずっと低空飛行が続いて、自信のあった経済でも世界にどんどん追い抜かれていった。たぶん今、日本人は自信がないんですよ。

行徳　本当にその通り。日本は敗戦後の瓦礫《がれき》の中から驚異的な復興を果たして世界第二位の経済大国になった。けれど今、ＧＤＰは中国、ドイツに抜かれて世界第四位に落ちてしまった。無惨なものだよ。野生の鴨には動物的・本能的に危機を感じ取る力があるけれど、太ったアヒルになってしまってそれを失ってしまったよ。

昔の政治家は命懸けだった。それこそ大隈重信だって来島恒喜《くるしまつねき》に爆弾を投げつけられて右足切断の重傷を負った。爆弾を投げた来島もその場で自害した。まさに命を懸けたんだ。日本の歴史をさかのぼれば、似たような実例がいっぱいある。今の日本人に一番欠けているのは、この氣魄と氣力だよ。

第二章

氣魄と氣力が生まれる「心と魂の授業」

トランプ大統領のメンタルは、なぜタフなのか

松岡　日本人が氣魄を失ってしまったということですが、これは時代の変化と関係ありませんか？　昔に比べて教育水準も上がってみんな考えるようになった分、精神的な部分が顧みられなくなってしまったようにも感じます。

行徳　理性とか知性というのはもともと作為なんだ。あれは技術道具でしかない。理性は嘘をつくこともある。人間が理性的になり過ぎてから、人間が人間でなくなり始めた。

松岡　そう考えると、今の社会は人間が人間ではなくなる方向に向かっているような気がしますね。だって、少しでもルールから外れたり、辻褄《つじつま》の合わないことをしたりしたら、それはおかしい、間違っていると言ってみんなで責め立てるじゃないですか。

行徳　根源的なところで人間を見誤っているんだよ。人間は理性的な動物ではあり得ない。人間は煩悩、矛盾を生きてこそ人間だ。

松岡　その意味で言うならば、トランプ大統領の政治のやり方に是非や賛否はあるものの、彼は煩悩を超えているように感じます。動画配信サービスで彼のドキュメンタリーを観ていた

ら、いろいろ失敗もしているし、批判もされ、法に触れるようなこともしている。でも彼は堂々としている。何が悪いんだ、これが正しいんだ、と。追い詰められてもしぶとく生き抜いている。この時代であんなふうに生き抜けているのはすごいと思います。

行徳　それはその通り。だから僕はよく議員会館に行って政治家に向かって言うんだ。「悪を学びなさい。悪を学ばない限り、善なんかわかりっこない」って。たとえば江戸幕府の老中であった田沼意次《おきつぐ》のことを、歴史評論家の徳富蘇峰《とくとみそほう》は「日本の政治史上でムカデとかアリ以下の最悪の人物だ」と猛烈に批判している。しかし、山本周五郎が書いた『栄花物語』を読んでごらんなさい。そこに描かれた人間田沼意次の実像を見れば、田沼がいたから日本は世界が何百年もかかった近代化を百年でやってのけることができたことがわかる。田沼こそが日本の近代化の先覚者なんですよ。田沼がいなければ日本の近代化はずっと遅れていたはずだよ。

それなのに今はみんな、知性とか理性とか概念とか論理とか倫理とかばかり重視する。僕は実は倫理って言葉が大嫌い。

松岡　でも人間なので、気に入られようとしますよね。気に入られたいから努力する一面もあるわけです。これも人間が持っている心ではないですか。そこどうやって戦いますか？

行徳　そういう戦いは浅はかなところでの戦いだよ。根本でやってごらんなさいよ。森信三先生が言われているように、命が呼応するのは一番根本でなきゃ。今は全部上っ面だからね。

感性と知性

松岡　僕は歴史をあまり勉強していないから偉そうに言えませんが、先生の言葉や哲学の中には確実に先人の積み上げてきた哲学が入っているわけですよ。過去にさかのぼれば、ものすごく感性が鋭くて煩悩にまみれた人もたくさんいたでしょう。そういう人たちが歴史をつくってきたわけですよね。でも、今の日本にそんな人がいるかどうか。スポーツ選手にはいるように思いますけれど。

行徳　本当にね。山岡鉄舟《てっしゅう》なんて見てごらんなさい。あんな人物がいたから江戸は燃えなかったし、一滴も血が流れなかった。そして、徳川慶喜の使者として西郷隆盛に直談判するために駿府《すんぷ》に向かった鉄舟が旅籠《はたご》で襲われたとき、命懸けで助けて西郷の待つ駿府まで送り届けたのが海道一の大親分、清水次郎長だよ。あの時代の人たちはみんな身体を張って生きていた。

松岡　しかし先生、今はあのころと同じではありません。時は流れています。いまや日本もインターネットやコンピュータがすべてをコントロールするところに近づいてきています。もちろんそれらを利用するのは悪くない。生活も圧倒的に便利になりました。ただ、今後ＡＩの活用がさらに加速すると考えたとき、感性、ＢＥの力がどうやって対抗していくとお考えですか？

行徳　もともと日本という国は世界最強の数学国家なんだよ。和算家の関孝和《せきたかかず》という人は、江戸時代前期に微分積分の基礎をつくっている。ニュートンやライプニッツより早かったんだ。日本は昔からそんな最高の数学国家なの。

数学者の岡潔《おかきよし》先生は、ノーベル賞はもらえなかったけれど、日本が世界に誇る数学者ですよ。この日本の国宝と言われる岡先生がこんなことを言っている。

「私は数学者だ、科学者だ。私が扱う数字というのはいかにも可愛げがない。何となく憎ったらしい。しかし、その憎ったらしくて可愛げのない数字にどうやって愛くるしさを持たせてやるかが私の仕事なんだ」って。

数学の世界的な権威でありながら、可愛げのない数字に愛くるしさを持たせてやることが自分の仕事だと言っている。つまりこれは、最後は感性が大切なのだということでしょう。理性や論理じゃない。感情が入ってこそ本当の学問なんだ。

「気負う」のは「気に負けている」ということ

松岡　山でBE研修を受けて、僕は自分自身を省みることができました。そして、自分の強さとか弱さというものに気づかせてもらえたと思っています。

行徳　修造君が私の九十一歳の誕生日にくれたメッセージ、あの手紙は修造君の弱さと強さを見事に表しているよ。ちょっと読んでみようか。

「行徳先生お誕生日おめでとうございます。（中略）最近気づいたことがあります。実は、先生は、人間ではないと！　先生の強さ、前向きさ、オーラは人間の常識を超えています。まさに、ニューノーマル。ただその生きるパワーの源は先生にも〝弱さ〟があるから、そしてこれまで僕を含め、たくさんの人間の〝弱さ〟を共有してくれたからだと思います。先生、どうかこのまま〝行徳哲男〟でいてください！　おめでとうございます。ありがとうございます。人間・松岡修造」

最後に「人間・松岡修造」って書いてあるよ。この手紙は本当に嬉しかった。人間が強くなるのは弱さを知ったときだけ。強がっている人間、粋《いき》がっている人間というのは弱さの裏返しだから。現代人は気負いだらけですよ。気負いというのは、字の如く、気に負けているんだから。ガーッとやっているのは気に負けている証拠だ。本当の強さとは考えがあっての強さじゃないよ。だから弱さを知るっていうことが大事だね。

良寛和尚が貞心尼《ていしんに》という弟子の尼さんに辞世の句を遺した。「うらを見せ　おもてを見せて散るもみぢ」という句だ。「私の弱さと脆《もろ》さをあなたにだけはさらけ出せた。だから安らかに死んでいける」という句を遺して良寛和尚は死んでいくんですよ。やっぱり弱さ以上の強さはないよ。弱みを知ったときに人間は強くなれる。だから弱さをさらけ出すのが本当の勇気だ。

憎しみはエネルギーに転換する

――憤

行徳　そういう弱さとか悔しさ、憤りといったものを集めた言葉が、佐藤一斎《いっさい》の「憤《ふん》」だよ。「憤の一字、是れ進学の機関なり」と佐藤一斎は言っている。

松岡　先生にもそんな「憤」があったんですか？

行徳　私にとって「憤の一字」となったのは、とにかく子供のころに家が貧しくて、何よりもコンプレックスがあったことですよ。兄貴は陸軍士官学校に合格して、家を出るときには町の人たちが総出で汽車の停車場で日の丸を振って見送った。おらが町の誇りだった。それに対して私は何をやらせても劣等生だった。成績はいつもビリだし、足も遅かった。終戦直後には、靴屋で住み込みの小僧として働かされた。

だから親父からは口汚く「お前は行徳家の面汚《つらよご》しだ、穀潰《ごくつぶ》しだ、恥知らずだ」って、もう徹頭徹尾けなされたよ。それが段々と積もり積もって、刺し殺そうとまで思ったことも何度もある。

松岡　お父様に対してですか？

行徳　そう。そして昭和二十七年の三月二日、おふくろに「隣りの町へ行く」と言って往復二百円分のバス代だけもらって、そのまま家出した。足りない分の家出の資金は不良仲間が用意してくれた。「お前はどうせ家出するだろうからこれを持っていけ」とお金をくれた。それを持って東京にやって来たんですよ。

しかし、東京に知り合いがいるわけでもないし、泊まるところもない。それでその日は池袋にあった雑司ヶ谷《ぞうしがや》小学校の校庭の国旗掲揚台の下で野宿をした。三月初めの夜は寒かったよ。

食わなきゃならんからすぐに働き始めたんだが、いつも「なにくそ負けてたまるか。俺をこんな目に遭わせやがって、いつかは思い知らせてやる」という親父への憤りとか敵意が私の生きがいをつくってくれた。

そして、後々それが逆になったわけだね。憎んで刺し殺そうとまで思った親父と、後年は一番うまくいった。親父は九十三歳まで生きとったけど、海外にも何度も連れて行ったよ。

松岡　そういう関係になれたのは、お互いが本気だったからということですね。

行徳　本気だった。親父だって「この穀潰しめ」と本当に思っていただろう。なんたって兄貴は士官学校だからね。士官学校に行くのは大変で、当時は東大に入るより難しかったんだから。町中の人が日の丸を振って送ってくれるんだから親父にとってみれば鼻高々でね。それに引き換え、私は何をやらせてもうまくできなかったから、親父にしてみればどうしようもない恥さらしだったろう。

だけど、そうやって親父から否定されたことを今では感謝すらしている。僕は愛は憎しみだと思う。憎しみは愛の極致だ。実は今日もここに来るときに車中で息子と大喧嘩した（笑）。しかし、これがエネルギーになっている（笑）。

天衣無縫のメンタルで生きてみよう

行徳　中国に昔、達磨大師の七代目に馬大師（馬祖道一）という禅僧がいた。名前の如く顔が馬面で、しかも舌を伸ばせば鼻まで届くという異様な人物だった。その馬大師が弟子の百丈禅師を連れて野原を歩いていたら、藪《やぶ》からバーッと野鴨が飛び立った。

馬大師は百丈に「今、何か飛んで行ったけど、あれはなんだ」と聞く。百丈は「野鴨です」

と答えた。「どっちに行った」と聞くと、「あちらのほうに行きました」と百丈はその方向の空を指差した。

その瞬間、馬大師は百丈に鉄拳を打ち込んだ。指差しているときにいきなり鉄拳を打ち込まれたものだから、百丈は「痛っ！」と叫んだ。そのとき馬大師が「百丈、飛んでいっちゃいないぞ。そこにいるのは誰だ」と言った。お前も指差すほうに行ってしまっているじゃないか、というので馬大師は鉄拳を食らわしたわけだ。鉄拳を食らった百丈は「痛っ！」と言った瞬間、そこに自分がいたことに気づくんだね。

この百丈禅師は、その後、名僧の中の名僧になって若者たちがたくさん慕ってくるようになる。

松岡　ただ、先程も言いましたが、今は殴るのはもちろん、こう言ったらダメとか、いろいろとやってはいけないことの縛りが増えてきています。先生に言わせると甘いかもしれませんが、厳しくしたくてもできない社会になっている。それを先生はどう見ていますか？

行徳　現代の病弊の一つだろうね。こうでなきゃいかん、こうあるべきだと、常識とか正常の範疇《はんちゅう》で何事も収めようとしているということでしょう。でも、今は常識とか正常の範疇で生き残れるほど甘い時代じゃなくなっていますよ。むしろ、そんなものは木っ端微塵《みじん》に壊してしまうほうがいい。これからは、状況を逸脱して生きる人間しか生き残れない。だいたい常識とか正常だとかいったものは妥協だからね。もっと天衣無縫であっていいんだ。

松岡　先生が言いたいことは、行動しろということですか？

行徳　そう、行動だ。もう一にも二にも行動。行動だけがすべての問題を解決する。私の家には若者たちがたくさんやってくるけれど、「これはなんですか？」と彼らが必ず聞いてくる教えが額に入れて飾ってある。それは森信三先生の形見を息子の迪彦《みちひこ》さんから頂戴したものだけれど、「行・余・学」という『論語』の教えが書いてあるんだ。「行って余力あれば文を学べ」と。まずやってみて、そして余った力があったらそれから文を学べ。私が言いたいのもそういうことだよ。

現代人は文を学ぶけれど行動しない。学べば学ぶほど考えるようになるから、学ぶことが行動の足枷《あしかせ》になってしまう。この石がどこに落ちるだろうかって落ちる場所を考えたら、石は投げられないでしょう。でも、石がどこに落ちるかは投げてみなきゃわからない。すべては行動ありきだ。

極楽は意外にも、修羅場の中にある

行徳　サントリー創業者の鳥井信治郎さんの言葉に「やってみなはれ」ってあるけれど、そういうことですよ。やってみなきゃ、投げてみなきゃ、結果がどうなるかはわからない。行動した人間のみが自分を生きることができる。行動のみなの。

今は全然行動しないもの。行動してごらんなさい。僕はこんなに目が不自由でも動き回っているから、いろんなものを全部行動が吸収してしまう。嫌なことなんかも、行動してみれば行動が吸収するんだよ。

松岡　確かにずーっと動き回っていますね。先生だって風邪をひいたり、どこかが痛かったり、目が見えなくなったり、いろいろあるでしょう。でも、それをネガティブに伝えてきたことは一回もない。

行徳　いや、やっぱりきついよ。だから休みたいし、もう山をやめたいと思うよ。

松岡　やめようと思ったことがあるんですか？

行徳　あるある、それはもうしょっちゅう。毎回気持ちは山口百恵さんの歌と一緒。「これっきり、これっきり……」しかし、山へ行ったら治っちゃってね。振り返ったら五十年以上も続けていた（笑）。あの修羅場に入ったら、いろんな事を考える暇がない。だから修造君、修羅場以上の極楽はないよ。極楽は修羅場の中にある。修羅場こそが極楽で、じゃあ地獄は何かというと、ぼんやり生きることだよ。

松岡　今の先生の話を聞いていて僕はこう思いました。失礼なことを言いますよ。今の先生の身体はボロボロだと思うんです。ガラクタに近い。現実的に、歳を重ねると身体も昔のように動かなくなる。

にもかかわらず、これだけのバイタリティに溢《あふ》れている。本気を出さなきゃいけないときには何かが出てくる。何が出てくるかというと行徳哲男の魂です。その魂が先生の身体を突き動かしているんだろうなって思うんです。

身体に操られているときは痛いんですよ。でも、目の前のことに本気で向き合って、本当の自分が出てきたときは痛みなんて全く関係ないのだと感じました。そうじゃないですか？

行徳　血圧も高いし、息子とも大喧嘩する。しかし、これがエネルギーになっているんだな。

松岡　そういうものがエネルギーになっているんですね。

「煩悩を食べる」という一つ上の境地

松岡　先生は自分の目の前で両親が喧嘩をしていたのもエネルギーになったと本に書かれていましたね。普通なら、両親の喧嘩を目の当たりにすると、心身ともにストレスを感じてマイナスな方向に行きがちですが、先生は行動のエネルギー源にした。これがすごい。

行徳　私が会社に勤めていたときに労働争議で共産党の人たちと闘えたのも、五十何年もBE研修を続けてこられたのも、そのエネルギーの根元にあるのは、親父とおふくろの仲が悪かったから。そのおかげなんだ。これは感性のダイナミズム。わかりやすく言うと〝揺さぶり〟というやつ。

松岡　揺さぶり。

行徳　両親の不仲が僕の感性を鈍らせなかった。

松岡　でも、当時は嫌でしたよね。

行徳　嫌で嫌で。だから家出した。もうこんな両親のところに居られないって。おふくろは懸命に家出先を捜しとったようだけどね。

しかし、人間だもの、嫉みや妬みもあれば怒り憎しみもあるよ。それがあってこそ人間でしょう。現代人はそれらをはしたないものとして隠蔽《いんぺい》してしまっている。良識とか正常とか真面目とかいうものでカモフラージュしてしまっている。煩悩があって当たり前。煩悩は最高だよ。我々は妄想を除こうとするけれど、それ自体がすでに妄想なの。

煩悩や妄想とは捨てるものじゃない、食べるものだよ。煩悩や妄想を食べてごらん。おいしいし、味わいがある。しかも滋養がいっぱい詰まっている。だからね、煩悩を生き抜くことだ。

この煩悩を生きるということを解説した人物が黒瀬昇次郎《しょうじろう》さん。『切腹』や『四肢切断　中村久子先生の一生』という本を書いた人。私は生前大変親しくしていただいて、黒瀬先生と一緒に山田方谷《ほうこく》の勉強会にも行っとったんだ。あの方は九十幾つで亡くなられたけれど、あるとき僕に本を送ってきた。その本のタイトルが『煩悩万歳』という。その本の中で「煩悩は厭《いと》うべきものではない。煩悩こそ宝」だと言っている。煩悩って本音の世界だから最高なんだよ。

亡くなっておられるから言いますが、黒瀬さんは十八人もお妾《めかけ》さんを持っておられた。ミリオン珈琲貿易の会長だったから、お妾さんには全員一等地に珈琲店を持たせていた。一等地だから地価が上がって、全員が全員、豊かになったんだ。亡くなられる前に会ったときには、お妾さんが「櫛《くし》が欠けるように死んでいくんですよ」って嘆いておられたけどね。「そのあとをどうするかが大変なんですよ」と、そんなことまで言われていた。まさに煩悩万歳という生き方をした人でしたね。

松岡　煩悩というのはわかりやすく言うと……。

行徳　人間の本性。自然体、そのまんま、あるがままということ。息子と大喧嘩するのも煩悩だから抑える必要はない。黒瀬さんをはじめ、私が出逢ってきた人間的な、なんとも言えない味わいを持った人は皆、煩悩を食べている人ですよ。

第三章

人間としての深みが出る「感性の授業」

人は過ちを犯すからこそ、見えてくるものがある

行徳　一見真面目、一見律儀、一見実直な人間たちの持つ偽善性を私は山ほど見てきた。それは見せかけなんだ。綺麗な言葉が飛び交って、やたらと人を褒め上げたりする八方美人にすぎない。その人間たちがまとっている真面目さという仮面を剥《は》いだら、そこに出てくるのは卑怯《ひきょう》さ、冷たさ、小賢《こざか》しさだ。

それを教えてくれたのがカール・ヤスパースという二十世紀を代表するドイツの歴史哲学者ですよ。彼が日本に来て京都・広隆寺の弥勒菩薩《みろくぼさつ》を見てなんと言ったか。「存在する人間の最高の姿を表したものだ」と言ったんだ。彼は長年にわたって世界の彫刻作品を見て回ったけれど、「弥勒菩薩に優る美しさと気高さを備えた作品は世界のどこにもなかった。この姿こそが人間が達し得る最高の美しさだ」と評した。

そして、そのあとに続く言葉が素敵なんだ。「過ちを犯した人じゃなかったら、この美しさと気高さは表現できない」と断言したんだね。

松岡　清濁を併せ呑むことが大事だと。

行徳　思わず唸《うな》った。ヤスパースらしいなんとも深い言葉だね。ますます煩悩や過ちを犯して生きても大丈夫なんだという気になるよ。いろいろ失敗したり、つまずいたりしたときには、僕はすぐ弥勒菩薩のところに行く。弥勒菩薩を見たら落ち着くんだ。あんな小さな仏像がどうして気持ちを休ませてくれるのか、私にはわからないんだけどね。

相田みつをさんじゃないけど、つまずいたっていいじゃないか。失望して、ときには自ら命を絶ちたいほどの気分になっても、それが人間なんだから。

「言っていること」と「やっていること」は違って当然

行徳　世界に禅を知らしめた鈴木大拙《だいせつ》先生は無心ということを言われたけれど、現代人は頭がいいからなかなか無心になれない。そして、なんでも整合しようとする。整合しようとするところから人間の偽善や欺瞞《ぎまん》が始まっているんだ。矛盾は整合するものじゃない。大拙先生も矛盾を整合するなと言っている。

人間は矛盾だらけを生きてこそ人間なんだ。矛盾の中にしか真実はないよ。矛盾を生きることが真実を生きることだ。それなのに我々現代人は矛盾を整合しようとする。そこから偽善と欺瞞が始まっている。

松岡　そこをちょっと具体化していただけますか。みんな矛盾で生きたい。でも、なかなかそうできないわけです。

行徳　「言っていること」と「やっていること」は全て合致するものではない。それを整えようとすると、そこに作為が入る。すると人間が人間から乖離《かいり》してしまう。乖離しないためにはとにかく矛盾を生きること。いや、矛盾を生きるだけではダメだな。矛盾を生き切らなきゃ。

松岡　矛盾を生きるとすると、人から「嘘つき」って言われて嫌われる可能性もあります。

行徳　「嘘つき」と言われようが嫌われようが、そんなものは相手に任せればいい。現代人は他人が自分をどう見ているかばかり気にしている。だから、人に見せる自分をつくってしまって、その結果、自分が本当の自分じゃなくなっている。

「汝《なんじ》の道を行け、しかして、あとは人の語るに任せよ」とダンテは言っているよ。だから、修造は修造の道を行け。人が修造のことを悪く言ったとしても、それは言っている人に任せなさいということ。

第一、なんでそんなことにこだわらなきゃいけないない？　囚《とら》われなきゃならない？　どうせろくなことは言ってないでしょう。そんな人間に気を配る必要なんてない。なんでこちらがそっちへ寄せて行かなきゃならないんだ。そんなのは向こうの勝手に任せておけばいい。

松岡　ちょっと今、行徳先生がうちの妻に見えました（笑）。妻から「人に言われることは気にするな」ってよく言われるんです。

行徳　その通り。気にする必要なんてない。だから、自分の道を行けばいい。あとは人の語るに任せよということなんだ。

真我
――見たことのない自分と出会う

松岡　先生は山で三万人もの人たちの内面を見ているわけですから、人間の汚さとかいやらしさとかさんざん目にしているでしょう。でも、一方で人間のよさも見えているから人間を諦めようとしないということでしょうか？

行徳　確かにそうだね。だからこそ、自分を諦めようとしている半端な人間が許せない。僕の家にはいろんな人が来るけれど、そんな奴がいたら「帰れ！」と平気で言っている。キェルケゴールじゃないけれど、半端を生きるのは犯罪ではないとしても罪なんですよ。一人しかいない自分をなんで半端で生きるんだと。

松岡　さっきも言いましたけれど、みんな自分に自信がないんですよ。僕も若者たちから「君ならできる！って言ってください」と頼まれることがあります。彼らからは、何か自信を持ちたい、何か本気になれるものを探したい、という焦りや不安のようなものをすごく感じます。

行徳　自分探しをやることですよ。自分探しをやって自分に価値があることに気づくこと。僕のように劣等感にさいなまされて無様な生き方をしていた人間だって、本当の自分の価値に気づくと、偉そうかもしれないけど、いろんな人に物を言えるようになる。本当の自分のことを〝真我〟とか〝未見の我〟というけれど、いまだ見たことのない自分に出会うことです。そこにいる自分は最高に素敵だよ。

松岡　じゃあ、今、苦しいとか嫌だとか痛いとか言っているのは、ある意味ではラッキーということですか？

行徳　その前に我慢しないこと。我慢するから苦しみとか悲しみとかが出てくる。僕は耐えるとか忍といった言葉が好きじゃない。現代人は耐え過ぎているよ。

松岡　では、どうすればいいんですか？

行徳　突破、突破。もう突き抜けなさい。突破することだ。もう耐えないことだ。大体「耐えてきました」って言うけれど、あれ、「逃げてきました」っていう言葉をすり替えているだけだよ。「今まで悲しみに耐えてきました」って言うけれど、馬鹿野郎、それは耐えたんじゃない、悲しみから逃げたんだ。耐えるという言葉に言い換えただけで、逃げたんだよ。

いちいち「なぜ？」と問い返さない

松岡　耐えるなと言われましたけど、今の社会はストレスが多いので、みんな、ある程度精神的に耐えることをしていかないと、会社の中でもやっていけないでしょう。家庭でさえも我慢しないと崩壊してしまう可能性がある。

行徳　しかしね、そうじゃない。

松岡　違いますか？

行徳　まず自知。自分を知ってごらん。本当の自分に気づいてごらん。そうしたらそこに自尊が生まれる。自尊を得た人間は自制するよ。自知・自尊・自制だ。そういう人間はちゃんとセルフコントロールができるから、逆に自由奔放で言いたいことが言え、やりたいことができる。

自分を知らない、自分が見えてない、自分を生きてないから、自制できないんだよ。自制というのは奔放に生きること。フランス語でレッセフェール（laissez-faire）という。「なすに任せよ」という意味だけれど、これは自由奔放主義のこと。自由と奔放に生きる人たちが国をも動かしてきたんだ。

自由という字は自らに由《よ》ると書くけれど、自らに由れるのは感性しかないんですよ。自らに由って、自らが在って、自由自在になれる。自らに由っていない人間に自在はないよ。だから、人間はもっと奔放でなきゃ。融通無碍《ゆうずうむげ》が一番いい。とにかくやりたいことをやりなさいよ。煩悩を抜きにして人間の本質はないよ。

松岡　でも先生、そんなことを教育委員会の前で言ったら大変じゃないですか。

行徳　総攻撃を食らうだろうね。そうだとしても、それは私が言っていることが衝撃を与えているということだからいいんだ。しかし残念ながら、実際にはそんな反発すらもない。

とにかく煩悩を生きることですよ。白隠《はくいん》禅師が遺したとされる言葉に、「良きも悪しきも皆打ち捨てて、生地の白地で月日を送れ。小川の水は触ると濁るぞ。問うな、学ぶな、手出しもするな」とある。素晴らしい禅語だよ。

我々は、理性とか知性とか概念とか論理とか、そんなもので正しいか間違いかを判断しようとするけれど、そんなもので人を見てごらん。まず見誤るから。人間というのはそんなチャチなものじゃないぞ。

松岡　そんな物差しでは測れないということですね。

行徳　大事なのは問わないこと。今はなんでも問い過ぎる。なぜこうなるんだと、〝なぜ〟のやり過ぎ。

作家の塩野七生《ななみ》さんとお会いしたことがあるけれど、あれほどの巨大帝国を誇ったローマがあんなに簡単に滅びていった一つの原因はホワイ（WHY）カルチャーをやり過ぎたからだそうだ。文明が発達し過ぎて、〝なぜ〟をやり過ぎて国が滅びたんだ。なぜはない。現象そのものが最高の教示なのだから、現象そのものを全部自分で食っちまえばいい。

なぜをやり過ぎるよりも、思いやって生きればいい。そのためには時には学ばないことだね。

強い人は間違いなく、優しい

松岡　先生が一緒に本を出された感性哲学者の芳村思風《よしむらしふう》先生の言葉に「気遣い」というものがありますが、感性という点で見ると、気遣いがより必要な時代になってきたようにも思います。

行徳　気遣いというのは相手を思いやること。気を遣ってあげる、心配してあげるというのはものすごく大事なことですよ。心を配ってあげるんだもの。ただし、心痛は問題だよ。心が痛んだらいけない。

　気遣いというのは人の痛みを自分の痛みにすることだから、それは優しさ。優しさ以上の強さはないよ。強さと優しさは間違いなく類義語ですよ。強い人間は間違いなく優しい。「気は優しくて力持ち」というように、力とは優しさに繋がるんだ。優しさがなきゃいけない。

その反対に、冷たい人間は間違いなく臆病だ。臆病な人間ほど冷たい。臆病さと冷たさも同義語。だから、温かい人間になることですよ。思いやりのある優しい人間になったら、それはそのまま強さになっている。

松岡　僕は先生ほど哲学とか歴史を学んでいる人はいないと思っています。ポンポンと言葉が出てくるじゃないですか。先生自身は学び過ぎ、考え過ぎになってしまうことはないんですか。

行徳　そこは感性の裏打ちがあれば問題ないんだよ。本当の知識を真智というけれど、真智は光となる。光があってこそ本当の知識なんだ。

でも、現代人の知識は偏っている。偏知ですよ。偏知は避けなくてはいけない。『致知』という人間学の雑誌の書名は、東洋古典の『大學』の「格物致知」から取っている。「格物」とは「物を格す《ただ》」ということだから単なる知識じゃない。単なる知識は人間の禍《わざわい》をつくっている。知るが故に禍を招いているよ。なまじ知識ばかり頭に入れると人間を滅ぼす。

ただの物知り、知に偏るのではなくて、学んだことを自ら実行し、体験して感じ取ることで、知識は真智の光となるんですよ。

松岡　自分で咀嚼《そしゃく》して体得すれば知識は生きる力になると。

行徳　時には学びを絶つこと以上の学びはない。知識偏重は人間を滅ぼす。その反対に「盲《めくら》蛇に怖《お》じず」と言うでしょう。知らなければ何も恐れるものはないんだ。「知らぬが仏」とも言うじゃないか。

本当の知識はなんなのか。それが「格物致知」。そういう意味で、「格物致知」というのは大変な深い教えですよ。

深さと沈みと厚さと重さ。これが人間の大事

行徳　現代人は広さばかり求めている。大事なのは広さじゃない、深さなの。深みがないといけない。カントという哲学者は生まれてから死ぬまで、自分の町から一歩も出ていない。キリストが布教した範囲なんてたったの五マイル四方でしかない。それでいながら、ああいう先哲の遺した教えはいまだに燦然《さんぜん》と生きているんだから。

呂新吾は『呻吟語』の中でこう説いている。

「深沈厚重《しんちんこうじゅう》なるは、これ第一等の資質。磊落豪雄《らいらくごうゆう》なるは、これ第二等の資質。聡明才弁《そうめいさいべん》なるは、これ第三等の資質」

（どっしり落ち着いて深みのある人物、これが第一等の資質である。積極的で細事にこだわらない人物、これは第二等の資質である。頭が切れて弁の立つ人物、これは第三等の資質にすぎない）

深さは淀《よど》みがないものをつくる。今の世相は広さを求め過ぎて深みがない。浅瀬にいるから水音が騒々しい。また、厚みがない。政治家たちを見とっても薄っぺらな人間ばかり。そして重さがない。だから言動が軽はずみ。政治屋と言われるのもしかたがない。

深みがなければ沈みがない。本当の人間というのは、なんとなく沈んだ淀みがある。だから、「深沈厚重」というのは人間の真実を表していますよ。現代人は頭がいいことを以て人間の評価をしているけれど、『呻吟語』で言えば頭のよさは最下位だ。

これが一位かなと私が思ったのは「豪放磊落」だけれど、それも二位なの。一位は「深沈厚重」、深さと沈みと厚さと重さ。これが人間の第一等。

しかし、もともと日本民族というのは深みを持っている。お茶なんか見ていても、潜り戸ひとつとってみても深い哲学がある。ぐるぐる曲がるように配置してある庭園の飛び石だって哲学だもの。

松岡　先生は迷ったり振り回されたりしないいんですか？　たとえば、太陽を見て黄色と言う人もいれば赤と言う人もいます。同じことを違うふうに言うのは矛盾しているはずですけれど、どちらも正しいわけですよ。そういう意味で、哲学というのは深く入れば入るほど明確なものが見えなくなるようにも思うんですが、先生はそうではありませんでしたか？

行徳　いや、迷いだらけで年中迷っている。しかし、迷いがあるというのは生きていることの証明だから。

松岡　迷っていていいんですね。

行徳　いいんだよ。迷いだらけの身だと思うことが悟り。森信三先生の教えに、「人間悟れるわけがない。悟ったと思った途端に迷いに落ちる、迷いだらけの身だと思うことが本当の悟りだ」というものがある。だから、「俺はいつも迷っている」と思うこと以上の悟り、自信はない。

「ようこその哲学」で、心を磨く

行徳　もともと感性というのは受容すること。一方、思考や思索というのは拒否機能が働く。だから、考え込むと「はてな」「ほんまかいな」「そうは言ったって」となってしまうでしょう。これは受容ではなくて拒否ですよ。

我々の仲間が円覚寺の横田南嶺《なんれい》管長に「禅とはなんですか?」と質問したら、「わかりやすく言ったら、ようこその哲学ですよ」ってお答えになった。「ようこそいらっしゃった」と受容する。これこそまさに感性だよ。でも、今は思考が盛んになって拒否機能が働いているから素直に受容しない。感受じゃなくて、理受になっている。

江戸時代に廣瀬淡窓《ひろせたんそう》という儒学者が大分県日田市につくった私塾がある。その名を咸宜園《かんぎえん》という。「咸宜」というのは中国の殷《いん》の時代の教えで、「咸」とは「すべからく」、宜は「よろしい」ということ。だから、誰が来ても構わないよ、何をやったっていいぜというのが咸宜園の方針だった。ここで大村益次郎《ますじろう》も学んだし、高野長英《ちょうえい》も学んだし、渡辺崋山《かざん》も学んだ。

全部で四千何百人の生徒が学んだんですよ。

感性とは受容機能であり、しかも感性の決定的な強みは変化への圧倒的な対応力。そして、これを教えたのが陽明学だ。王陽明の言葉に、「天下の事、万変と雖《いえど》も吾が之に応ずる所以《ゆえん》は喜怒哀楽の四者を出でず」と。今はまさに万の変化の激動、変革、変乱の時代でしょう。しかし、喜怒哀楽の四つを大切にしていたら、どんな激動激変の中でもこれに応じて生き残れる。そして「これ学を為《おさ》むるの要にして、政を為《な》すも亦《ま》たその中にあり」と。喜怒哀楽の上に本物の学問があると言っているわけだね。

今はそういう意味では学問がないよ。単なる知識を増やすだけで、学んでいて喜怒哀楽しないもの。博学者、物知りはつくるかもわからんけれど、博学になればなるほど肝心要なことが見えなくなっている。勉強すればするほど肝心要なものが見えなくなる。それでは仕方ないでしょう。

また、「政を為すも亦たその中にあり」と言っているのは、政治と雖も喜怒哀楽から離れた政治は偽物だっていうことだね。今の国会答弁を見てごらん。木で鼻を括ったようなやり取りだらけだ。昔の吉田茂さんは演説会でカメラマンに水をぶっかけ、しつこい質問をする野党議員に「バカヤロー」と言って国会を解散した。バカヤローのひと言で国会が解散するというのは、政治にダイナミズムがあった証拠だよ。政治が強かったんだ。
今の政治家たちを見てごらん。感性がない。つまり波動がない。これからは波動の時代だというのに政治に波動がないよ。

松岡　その波動は自分をさらけ出したときに出てくるとしても、正直言って、今はさらけ出す環境にない。自分をさらけ出しても捉え方を間違ったらアウトですよ。それだけで崩されちゃう。

行徳　しかし、そのアウトを覚悟してやってごらん。道は必ずあるから。

松岡　先生のすごさはそういうところですね。普通だったら、「いや、今の時代はそうだからら」というところを、「それはいいからやってみろ」「失敗してみろ」というわけですから。

行徳　そうそう。面白いって言うと不遜《ふそん》かもわからんけど。やったら面白いと思うよ（笑）。

第四章

自分の限界を突破する「奇跡の授業」

叫ぶことがなぜ、心のパワーになるのか

行徳　修造君に感心したことは幾つもあるけれど、ほら、全米オープンで棄権したじゃない。

松岡　ああ、一回戦で痙攣《けいれん》を起こして途中棄権したときですね。

行徳　あのとき、電話をかけてきたよね。修造君は「負けました。日本に帰ります」って言ったけど、言い訳や不平不満はひと言も口にしなかった。だから私は成田まで迎えに行ったんだ。

しかし、そのあとに便箋《びんせん》三枚の手紙が来た。そこに言い訳めいたことが書いてあったから、「修造の敵はサンプラスでもアガシでもない。修造自身だぞ。修造、己と戦ってみろ。そして修造を倒せ」とファックスを入れたんだ。

その後、君は見事に一九九五年のウィンブルドン選手権でベスト8入りを果たして、続く準々決勝では世界ランキング二位のサンプラスをあと一歩のところまで追い詰めた。

松岡　ウィンブルドンで起きたことは、今でもなぜできたかがわからないんですよ。だって、テニスが一番下手なときでしたし、メンタルの部分でも最も自分に自信がないときでもあり

ましたから。僕はランキングでは出場メンバーに入れなかったのですが、ラッキールーザーでギリギリ出場できた大会でした。だから実力は一番下だったわけですよね。

一回戦を勝ったときも九割九分負けていたんです。ただ、その試合中僕はずっと叫んでいました。負けているときでも「できるぞ！」「修造！」「この一球！」「今ここだ！」と。最終的に勝ったことを覚えていないくらい集中していました。そんな中、腹筋が肉離れを起こしてしまったんです。腹筋が使えないから起きることもできない。普通の試合だったら百パーセント棄権ですよ。

僕は日本の主治医に連絡して「痛み止めを飲んででも出たい」と訴えました。そうしたら「出ろ！」って言ってくれたんですよ。腹筋はたくさん筋肉があるから、一本や二本切れても痛さを我慢できるんだったらやっていいと言われたんです。プレー中は集中しているから全然痛くないし、余計なことも考えないから、どんどん僕のプレーがよくなっていった。

先生にお聞きしたいのですが、叫ぶことがなんであんなパワーになるのか。僕の感覚で言うと〝今ここ〟に集中したいから周りをシャットアウトする。叫ぶことによって自分だけの集中力を目指していたような感覚があるんですけれど。

行徳　叫びというのは声を出すということだけれど、声はもともと腹より出《い》ずるものでしょう。叫ぶことで腹の中にあるものをすべて外に出してしまえば、もう何も怖くなくなる。そこからパワーが生まれてくるんだね。

「自分は、こんなに氣魄があるのか」と思える瞬間

行徳　でも、あのときは本当に鬼気迫るようなシーンがあったよ。

松岡　まさに三回戦は僕にとって人生の本質を教えてくれた体験でしたね。相手はとても強い選手で、普段通りのプレーでは到底勝てない状況。五セットマッチでセットカウントは一―二。あと一セットを失えば試合終了となる局面で、僕はサービスゲームをブレークされ、誰もが僕の敗北を予感していたと思います。

実は、僕自身も一所懸命プレーしている「ふり」をしていただけでした。いや、本当に全力を尽くしてはいたんですが、内心ではまるで松岡修造が「勝てない」と告げているかのようでした。その結果、さらにボレーミスを重ね、もう無理だと思っていた。

そんな時、観客席から声がかかったんです。「修造、自分を信じろ！」と。しかもその声は日本語で響いてきました。思わず「えっ？」と驚くとともにハッと気づいたんです。「そうだ、まだ終わっていない。一番信じるべきは自分自身なのに、なぜ信じられないんだ？」ということに。すると、情けなさと同時に怒りが込み上げてきました。そこから、僕はまるで別人のように変わり、一気に逆転して勝利を収めることができたんです。大きな気づきをくれた瞬間でしたね。

あのときは相手が後ずさりする感覚がわかりました。後日、そのときの僕の写真とか映像を見たら、自分じゃない感じがしました。自分ってこんな殺気というか氣魄を出す人間だったのかなって。「修造、自分を信じろ」というひと言からすべてが変わったんです。

試合が終わってから声の主を探しに行きました。でもわからなくて……。今でも誰だったのか知りたいんですが、結局わからないまま。若い青年だったような気がします。声のしたほうを振り返って見たら日本人で、日の丸を振って応援してくれていた。

あれは本当に僕を勇気づけてくれた応援でした。こんな経験をしたからこそ、僕は現役を退いたときに応援にすべてをかけようと思ったんです。

心に火がつくと、言い訳が一切なくなる

行徳　あのときの写真がここにあるけれど……。

松岡　先生、なんでそんなものを持っているんですか（笑）。

行徳　写真で説明すると早いから。

松岡　よく取っときますよね、そういう写真を。

行徳　これは凄《すさ》まじいよ。面構えがいい。学生にはこんな気持ちで学べ、経営者にはこういう気持ちで仕事をしろとよく言っているんだ。

松岡　これはベスト8が決まった瞬間の写真です。僕はあのとき、死んでもいいからこの試合に勝ちたいと思った。それくらい大きな試合だったんです。で、ベスト8入りを決めた瞬間、思わずコートに寝っ転がったんです。

同じ日に伊達公子《だてきみこ》さんもベスト8に入りました。そのとき彼女はガッツポーズなしで普通に相手と握手していたんです。日本のテレビでは同じベスト8でもこうも違うのかと、僕は格好悪いみたいな感じで切り捨てられましたね。

行徳　イギリスはそれこそテニス王国で、ウィンブルドンは聖地だから、普通の人間がコートに寝っ転がってごらんなさい。無礼だとバッシングされるよ。でも、翌日の現地の新聞にはただの一紙もそんなことは書かれていなかった。それどころか、修造君のことを「東洋の若武者」と書いて讃えていたでしょう。

松岡　いや、だからそこに僕は勇気づけられました。

行徳　それはやっぱり命懸けでやったから。それが伝わったんでしょう。

　ああいうエピソードは自分では語りづらいから、どんどん人に語ってもらわなきゃ。そうすれば日本の若者たちが元気づけられるし、勇気づけられるよ。若者たちに火をつけるには最高のエピソードだよ。あれは修造君、君がやったことなんだぞ。

　あそこには言い訳が一切ない。それに比べて、今の世の中は言い訳だらけだ。しかも、みんな頭がいいから言い訳の仕方が見事だ。言い訳していることすらわからないくらい巧みな言い訳をしている。だから救いようがない。

「今ここ」と目の前しか見てない人が、強い

松岡　僕はウィンブルドンの四回戦でマイケル・ジョイスに勝ってベスト8に入ったわけですけれど、準々決勝のサンプラス戦では僕の弱さが出てしまいました。

サンプラスはウィンブルドンで優勝している実力者ですし、誰もが彼が勝つとわかっていた。そういうふうにテレビでも報道していました。でも、僕は勝つつもりでした。そしてファーストセットを取りました。セカンドセットも、サンプラスのサービスゲームでラブフォーティー（0対40）までいくという大チャンスがありました。これを取ったらすごく有利になるところだったんです。

ところが、そのときに打ち返したボールが半個分ぐらいアウトして、そこからどんどん状況が変わってくるんですね。

あのとき急に怖くなってきたんですよ。その怖さは何かというと、勝てるかもしれないということです。ラブフォーティーになったとき、「これは勝てるかもしれない」と僕は思った。それまでは勝つことよりも「今ここ」と目の前のことしか見ていなかったんです。それが「勝

てるかもしれない」と思ったことで急に未来に行ってしまった。
　その結果、怖さが出てきたんです。「えっ、サンプラスに勝てるの？　お前にできるの？」と、どんどんネガティブな思考に陥っていったんです。それまで不安はゼロだったのに……。「今ここ」というのがどれだけ大事かということです。これは僕の経験談としてジュニアの合宿でも伝えていることです。

行徳　勝てるかもしれないと思ったところから迷いが始まった。今の話を聴いていて、修造君も知っていると思うけど、まさに「我、未だ木鶏《もっけい》たりえず」という双葉山の話が思い浮かんだ。
　昭和の大横綱である双葉山は、六十九連勝という前人未到の大記録を打ち立てている。ところが七十連勝のかかった取組で、平幕の安芸ノ海で負けてしまった。部屋に戻ってきた双葉山は二通の電報を打った。一通は吉田家という熊本にある行司の総本家。もう一通は昭和の精神的指導者、安岡正篤《まさひろ》先生。安岡先生はスミソニアン美術館から船で帰っ

てくる途中で、そのときインド洋上におられた。なぜ双葉山が安岡先生と出会ったかというと、「木鶏の教え」を安岡先生から教わったからなんだね。

双葉山は六十九回勝ち続けた。そのうちに、負けてはいけない、勝たなければならないと思うようになった。それがこだわりとなり、身構えや気負いをつくった。自分が人間として未熟であったことに双葉山は気づいたわけだね。だから、もう一度身構えを捨て、気負いを捨て、肩の力を抜いて勝負に挑みたい。そういう気持ちを電文に込めた。それが「我、未だ木鶏たりえず」ですよ。そして、そこから双葉山は三十七連勝するんだね。

今の日本人はこだわりと身構えと気負いだらけだ。やっぱりそういうものでは本当の強さは出てこないよ。

大横綱が憧れた「木鶏の教え」とは？

行徳　木鶏の話も紹介しておこう。

私はかつて、木鶏の故郷・中国陝西省《きょうせい》にある鎬京《こうけい》というところに行ったことがある。今から二千五百年前の古代中国に、周という国があったんだ。鎬京はその周の国の都で、太公望《たいこうぼう》が釣り糸を垂らしていた釣魚台《ちょうぎょだい》という場所も残っていて、その川も見てきた。

周の国の王は闘鶏が大好きで、あるとき国随一と言われた鶏の訓練士・紀渻子《きせいし》に、一羽の鶏を預ける。「この鶏をこの国で一番強い、どんな鶏にも負けない強い鶏に鍛えてくれ」と言って帰った。

それから十日経ち、王は紀渻子に「この前の鶏は強い鶏になれたか」と聞く。すると紀渻子は「全く駄目です。あの鶏は強い鶏になることはできません。あの鶏は威を張っています。これでは強い鶏になることはできません」と答える。「威を張る」、つまり肩に力が入っているうちは強くなれないというんだね。

それからまた十日経ち、王は紀渻子に同じことを聞いた。すると紀渻子は「この鶏は強い鶏になることはできません。他の鶏が近づいたら思わず身構えてしまう」と答える。我々だって身構える間は強くなることはできないだろう。

王はまた十日後に同じことを聞く。すると紀渚子は「あの鶏は強い鶏になることはできません。他の鶏が近づくと思わず気負ってしまう」と答える。「気負う」というのは「気に負ける」と書く。勝ちたいと思うと、気負ってしまうから逆に勝てないということだ。

それから十日して王が紀渚子のところに立ち寄った。すると紀渚子は王に向かって、「今度はどんな鶏も負けない強い鶏になりました。威を張ることもなく、他の鶏が近づいても身構えもしません。気負うこともない。まるで木でつくった鶏です。こだわりを捨て、身構えも捨て、気負いも捨てた、この鶏を見たら他の鶏は戦わずして逃げていきます」と答えたんだ。

これが木鶏の話ですよ。

真剣でない人ほど、深刻な顔をしている

松岡　ジャパンオープンの試合を、先生が見に来てくれたことがありましたね。ファミリーボックス席ですから、コートのすぐ近くですよ。

あのときは試合の流れがどんどん悪いほうにいって、これはもうダメかなって自分に負けそうになったときに、ふと先生のほうを見たら、普段だったら厳しい顔をして活を入れる先生が、ニコニコ笑っていたんですよ。その笑顔を見て、「えーっ」と思ったことがあります。

ただ、僕はそこから挽回して勝てたんですよね。どうしてなのかそのときはわからなかったのですが、あの試合の最初のうちはすごく深刻にプレーをしていたと思うんです。でも、先生のあの笑顔を見て、深刻と真剣は違うんだということに気付きました。

行徳　今は日本人全体が深刻になり過ぎているよ。深刻だから力なんか出ないし、エネルギーへの点火もしない。

松岡　アスリートもそうですが、一番の敵は自分だって皆よく知っています。オリンピックには魔物がいるとよくいいますけれど、その魔物は自分だということもわかっています。でも、そこで正面から向き合おうとしなかったり、向き合ったとしても逃げてしまったり。プレッシャーで緊張するのも、本当だったら力に変えられるのですが逃げてしまう。

行徳　武士道の第一要諦《ようてい》が何かといったら、やっぱり真剣さなんだ。ところが、現代人は真剣と深刻の混同がある。悲劇の主人公みたいに悲壮感が漂っているのが真剣だと錯覚しているよ。違う。福井の永平寺に行って見てごらん。真剣に命懸けで修行した僧の身のこなしの軽やかさを。真剣にはある種の軽さがなきゃいけない。

軽さに「あ」をつけたら「明るさ」だよ。明るい人が一番真剣です。眉間《みけん》に縦皺《たてじわ》を寄せて悲壮感を漂わせて生きること自体が、一番真剣でない証拠だ。真剣でない人間ほど深刻そうな顔をしているよ。武士道はそれを嫌ったんだ。

僕は行徳という名字が大嫌いだった。だって、僕は徳を行っていないんだから。徳といったら、謹厳実直とか品行方正とか、あるいはもっとキザな言い方すれば人格高邁《こうまい》とか清廉潔癖とか、そういうイメージでしょ。しかし、安岡正篤先生はそうは言われなかった。本当の徳とは何か。「人間の徳性の根本は清新溌剌《はつらつ》である」って言うんだ。簡潔に言うと無類の明るさだよ。

今の日本人は暗いよ。どこを見ても暗い。暗いはずだよ、心の窓が閉まっているもの。心の窓を開きゃいいんだよ。

松岡　でも、なかなか開きにくいんですよ。

行徳　ディフェンシブだからだよ。それは割るしかない。だから僕は、九十二歳にもなるというのに大学の講義で、私語をしている学生にバシーッと活を入れているんだ。でも、学生たちもそれに反応してくれるからね。それで今は大学の講義が一番楽しいんだよ。

喜怒哀楽を全身で表してみよう

行徳 しかし若者たちは素晴らしいよ。これからの時代を動かすのは若者たちだ。若者たちに失望したら国は沈む。だいたい「今どきの若い者は……」という言葉を発する大人自体が問題なの。若者と向き合おうとしていない。向き合うことから逃げているよ。

松岡 逃げている……。

行徳 若者たちの実像を見てごらん。確かに現象だけ見たら、髪を色とりどりに染めていたり、耳や鼻や口に穴を開けてピアスをたくさんつけていたり、渋谷の路上に座り込んでいたりするかもわからんけれど、それは若者の実像じゃない。若者はそんなに軽薄じゃないよ。

松岡 若者は何を求めているんですか？

行徳　石原慎太郎さんの友人のローレンス・アプレーさんというフランスの作家が言っている。「若者たちに心から同情する。なぜなら、現代は若者から奪ってはならない三つを奪っている」と。この三つとは、一つは飢えがない、二つは争いがない、三つは死ぬ気でぶつかるような偉大なる思想を与えていない。この三つを奪っているから、若者がいらつくのは当然だと言うんだよ。大人はそういうものを若者に与えてやらなくちゃ。

でもね、死ぬ気で打ち込める環境とか対象はつくれるんだよ。

松岡　つくれますか？

行徳　つくれる。私の家にはいろんな若者が寝泊まりしに来るんだけど、皆、今の日本の危機的な状況に問題意識を持って、何か自分にできることはないかと燃えているよ。彼らは今の政治の退廃、断末魔的な有様を見て、絶対に何かをやらかそうとしているよ。私の家にしょっちゅう来ている二十二歳の神戸大学の学生なんて、「体が震えます」って言っているからね。本当にいい子たちだよ。

そんな若者にぜひとも学んでほしい人物が幕末の志士・橋本左内《さない》だよ。左内は安政の大獄に遭って二十六歳の若さで処刑されたけれど、子供のときから何か解けなかったら悔しがって一晩中泣き喚《わめ》いたというんだね。その代わり、解けたら飛び上がって喜んだと。まさに喜怒哀楽を全身で表していたんだ。左内は緒方洪庵《こうあん》の適塾《てきじゅく》に学びに行っていたけれど、適塾の畳の縁が擦り切れたのは、問題が解けたときに左内が跳ね回って喜んだからだという話も聞いたことがある。そういう人物だった。

そして藩主の松平春嶽《しゅんがく》は橋本左内が二十歳前後のときから、その意見を聞いて学ぼうとしていた。これも見事だよ。若者たちに失望したらおしまいなんだ。若者は本当に見事。それは山の世界を体験するとよくわかる。

「覚悟を決める」というメンタル強化法

松岡　今、世界で活躍する日本人のアスリートが多くなってきたじゃないですか。僕が競泳の北島康介さんにインタビューしたとき、これは言葉にすると良くないかもしれませんが、北島さんが「修造さん、僕は死ぬ気で行っていますよ」と答えてくれたんです。「日本に帰らないつもりで、いつもオリンピック戦ってるんですよ」「そんな中途半端な気持ちでは戦えない」と語っていました。これは先生がおっしゃる、死と向き合う中で生まれる本気ですよね。

行徳 もうね、一回一回死ぬ覚悟で取り組めば楽。死を覚悟するくらい楽なことはないんだよ。人間が一番楽な生き方をしようと思ったら死を覚悟すること。そうすれば楽になるよ。

松岡 なるほど、そういう捉え方ですか。BE研修の中に内観があるじゃないですか。僕もやりましたよ。あのときに、己を殺せ、死んでみろと言われました。いわゆる松岡修造は死ぬっていうことで、死についての自分の思いを書かなきゃいけなかった。

僕が入ったのはプロゴルファーの青木功さんが受けたときと同じ部屋、七号室です。真っ暗な中で正座して自分と向き合っているうちに恐くなってきて、僕はいきなり「修造、修造」って叫び始めたんです。隣りの部屋の人から「うるせー」って怒られたんですけど、なんで自分の名前を叫び始めたのか、今でもわからない。

そこで先生にバシーッとビンタされたんですけど、あの感覚は絶対に忘れられません。今もずっと残っています。全然痛くない。でも先生、あれは中途半端でやったら危ないですよね。

行徳 危ない。暴力になってしまうし。相手が逆上すると、こっちがやられちゃう。真っ暗な中だから。しかし、本当の自分を探して、その叫びの中から本物の自分が見えてくる。あの後は土砂降りの中で富士山を見たって、富士山が真っ青に見える。

大谷翔平の心の強さは、どこから生まれる？

行徳　今、日本人には雄叫《おたけ》びがないよ。日本人は雄叫びを忘れている。東南アジアに行ってごらんなさい。小さな子供たちですら雄叫びを持っているよ。雄叫びが欠けているから日本人はどこの国からも馬鹿にされてしまっている。腹の中に鬱屈《うっくつ》しているものを叫びに載せて吐き出せばいいいんだよ。そうすれば元気が出てくる。

松岡　今の日本にはなかなかそういう雄叫びを出せる場がないのかもしれませんね。そう考えると、大谷翔平さんを含めて世界で活躍しているアスリートはみんな叫んでいます。

行徳　叫んでいるよねえ。パリ・オリンピックでも、みんな叫んでいた。あれは民族の雄叫びだよ。だから自分たちも叫ばなきゃ。

松岡　「修造」って叫んだのも自分だし。

行徳　叫ぶことで修造が修造に返ったんだ。
松岡　それにプラスしてバシーッとビンタされたとき、僕は痛いというよりも「ありがとう」と感じたんですよね。
行徳　そう感じたのも自分だ。
松岡　自分なんですよ。
行徳　それが存在というもの。今は本当に存在が希薄ですよ。自分の存在の不鮮明という以上の悲劇はないよ。人類の最大の危機は資源の枯渇じゃない。人種問題でも宗教問題でもない。一人ひとりの人間が自分を生き切っていないこと。アイデンティティ・クライシス以上の危機はないよ。

自分を生き切っていないから、人を生かすわけがない。戦争も人殺しの犯罪もそうでしょう。みんな平然と人を傷つけるし、人を殺《あや》める。それは紛れもない自分を生きていないから。自分が自分になり切っていないから。自分が自分になるのは理性ではなくて感性しかないんだよ。

プロゴルファー青木功は、前後裁断の名手

松岡　青木功さんの名前が出たのでお聞きしたいのですが、青木さんは何に悩んでいらっしゃったんですか？

行徳　新しい家庭を持ったときに、お嬢ちゃんが血の繋《つな》がった娘さんじゃないから悩んだことがあったのだろうね。

松岡　青木さんは感性の人ですよね。

行徳　うん。あまり難しくいろんなことを考えない。青木さんと修造君と一緒に、三人でゴルフに行ったことがあるよね。

松岡　行きましたね。

行徳　最初のドライバーで青木さんがミスをした。そのときに「このミスショットはもうないですよ。前後裁断です」と僕が言ったら、青木さんは「わかりました」と答えて、そこからバーディを続けてハーフを30で回ってしまった。青木さんの強さは前後裁断の強さ。ミスショットをしてもその場で切って捨てられる。見事だね。

僕がシニアツアーで青木さんに帯同して回ったときにも、ホールアウトして次のホールへ行く間、青木さんはゴルフの話は一切しない。次のホールへ行って「青木選手、ティーアップしてください」と言われて、「そうだ、俺いまゴルフやってるんだった」だって（笑）。

感性は一瞬一瞬の、点の哲学ですよ。知性とか理性とか概念とかは、線で繋いで物を見る。だから次第に重たくなっておかしくなる。

松岡　実は僕は繋ぐタイプなんですけれど、青木さんは本当に自由ですよ。全英オープンのテレビ中継で十何年一緒に現地に行っていましたが、日本語でタイガー・ウッズと話して仲良くなっていました（笑）。弾む言葉は通じるんですね。あの自由さは日本人の誇りだなと思う。普通は、恥ずかしさの方が先に出てしまって喋れませんから。

行徳　青木さんというのは本当に前後裁断の名手。ミスショットを引きずらない強さで、世界中で通算八十五勝、その内海外でも十九回勝てたんですよ。そして何より、人間的な魅力が深い。

「一日が一生」と思うから、楽しく、強くなる

行徳　感性は点、知性とか理性は線。物を繋いで見るんじゃなくて、切っていくことが強さになる。人間が本当にいきいきと生きようと思ったら、不連続の連続でなきゃ。点で線をつくらなきゃ。「点で生きたらテンで楽」と言ったらダジャレになるけれど、瞬間が一生でいいんですよ。

マクルーハンというカナダの思想家は「二十世紀は点の時代だった」と言っている。点で生きない人間は生き残れない。繋いだらたまらないよ。今日と明日を連続するから明日に怯《おび》えることになる。明日なんか本当はないんだから。今日が一日、一日が一生だと思わなきゃ。僕も最近、夜寝るときには一生を終えたなと思うようになった。一日が一生、一刻一生という見方をしたら生きることが楽しくなるよ。引きずるから苦しいんだ。

松岡　僕は今、五十七歳なんですけれど、最近ちょっと不安になってきているんです。確かにテニスをやめてから応援が軸になって、好きなことができています。オリンピックも応援できて、ジュニア強化もできました。ただ、今後これが続けられるのかなと考えると不安に

なるんです。

行徳　続けられるかどうかという考えを捨てることだね。続けられようが続けられまいが、そんなことどうだっていいでしょう。

松岡　どうだっていいんですね。

行徳　詰まるところは、どうだっていいんだよ。今日一日、やるべき事を全てやる。

錦織圭が試合本番で、リラックスできる訳

松岡　青木さんの話をしていて、すごく感覚が似ていると思ったのは錦織圭《にしこりけい》選手ですね。僕はジュニア合宿で彼を指導するつもりで行ったんです。もちろん彼が世界に羽ばたくためです。彼はちょっと恥ずかしがり屋なところがあったから、僕は表現する力というものは伝えられたかもしれません。でも結果を見れば、九割九分は彼から学ぶことばかりでした。

また、十一歳から彼のテニスを見ていて、僕も一番熱が入っているときですから、「圭、こ

こを直せっ！」と言おうと思っていたんです。僕はジュニアの試合を見るとき、大体選手の後ろに入ります。なぜなら、相手からボールが飛んできたら、相手の位置を確認し、そのときのスコアを考えて、どこに打つべきかを瞬時に判断することが大事だから。そして、僕は世界という判断基準で見たうえで、選手が判断を間違ったときに「違うぞ。ここは強いボールでストレートだ」というように指導するわけです。

ところが、彼は僕の想像以上のことをやるんですよ。いきなりドロップショットでネット間際にボールを落としたり、見ていて「えーっ！」と思うようなことばかり。僕から言うと？（クエスチョンマーク）でいっぱいですよ。「こいつ、テニスを遊んでいる」と思ったら驚きしかありませんでした。

そして彼はずっとリラックスしています。力が入っていないんです。僕は一所懸命だとか本気だとか言っていますが、彼は本気で遊んでいるんですよ。一所懸命にリラックスしているんです。なぜなら、一番それが一所懸命にできる方法だとわかっているからでしょう。僕は彼が羨《うらや》ましくてしょうがない。でも、学びました。それが感性というものなんじゃないかなと。

行徳　何よりもクリエイティブですよ、彼は。錦織圭が日本のテニスの中にクリエイティブなものを持ち込んだ。

仕事を通じてこそ、心は磨かれ、豊かになる

行徳　人間が一番充実感を持つのは創造しているときなんです。やる気満々のときとか、何か新しいものをつくろうとしているとき。

こんなエピソードがあるよ。日本のある会社がメキシコシティに支店を出した。そこで使う椅子が必要になったので、日本人の社員が町に椅子を買いに出かけた。一軒の家具屋を見つけて覗《のぞ》いてみたら、メキシコの椅子職人が額から汗を垂らしながら一所懸命椅子をつくっている。とてもいい椅子だったので、その人は椅子職人に同じものを十二個つくってくれと頼んで帰ってきた。

後日、椅子が十二個届けられた。さて、同じ椅子を十二個も頼んだのだから、日本の商慣習では一個くらいまけてくれよって言うところでしょう。しかし、請求書を見ると椅子の数

が十五個になっている。

日本人社員は頭にきて椅子職人のところに行って、「同じ椅子を十二個も頼んだんだから一個くらいまけてくれるのが日本の商習慣では当然だ。なんで十五個分も請求しているんだ。これ、間違っているんじゃないか」と文句を言った。

その途端、メキシコの椅子職人がこう啖呵《たんか》を切ったんだ。

「俺たち職人が椅子をつくるときは、この椅子はこうつくりたい、この椅子はああつくりたいと思っている。工夫して椅子をつくることが喜びなんだ。俺がつくる椅子はいい椅子に決まっている。それなのに、あんたは同じ椅子を十二個も頼んだ。俺は創意工夫する喜びが奪われてしまった。だから俺はあんたに対して三個分の退屈料を求める権利がある。だから十五個分の請求をしたんだ」

それを聞いた日本人は何も言えずに、十五個分の代金を払って帰ってきた。錦織君もこの職人と同じで、自分でテニスの中で創意したり工夫したりする。それが喜びになり、ゆとりになっているんだろうね。

松岡 今の話はメキシコですけれど、先生はアメリカとかヨーロッパとかアジアの他国の人たちの話をいろいろされますよね。そういう話を聞くと、日本人の感性は海外に比べて弱いのかなと思ってしまいます。

日本の学校教育では、言われた通りにすることが求められて、自分の意見を言うことが少ない。基本的に、先生から送信された情報を受信しているだけのような感じがします。そして、右に倣えで、同じことをしないといけない。教育がそうなっているから、人と違うことをするのが怖くなってしまうんですよ。

そういう日本が大切にしている協調性と、欧米のような自分中心でどんどん思いを表現していく決断力をどうやってミックスすればいいのでしょうか？

行徳　今の日本人はそうかもしれないが、本来の日本人の姿は感性にこそ根本があるんだよ。

雪が解けたら何になる？
――感性教育

行徳　関ジャニ８《エイト》（現SUPER EIGHT）の村上信五《しんご》君から手紙をもらったことがある。信五君は、『いまこそ、感性は力』（致知出版社）という僕と芳村思風先生の対談本に影響を受けたのだけど、その本で紹介した話に共感したんだね。それは「朝日新聞」の深代惇郎《ふかしろじゅんろう》さんという記者が「天声人語」に書いた話なんだ。

ある小学校の先生が子供たちに「雪が解けたらなんになるの?」と聞いた。そうしたら、ほとんどの子供たちは「水になる」と答えたけれど、たった一人だけ、そう答えなかった子がいた。その子は「雪が解けたら春になる」と答えた。ところが、先生はその子の答えにバツをつけたというんだね。

信五君はそれを読んで身体が震えたと言うんだ。雪が解けたら水になるというのは理論的に間違っていないけれど、学問とか学びというものが理論的な正しさだけで判断されて、それ以外はバツになるのはどうなのか。雪が解けると寒い冬が終わって待ちに待った春が来る。手がかじかんでどうしようもない冷たい冬から花の蕾《つぼみ》が開く春になる。その子はそんな喜びを素直に表現したんだ。

それはその子の感性でしょう。ところが、それが許されなかった。そのことに対して信五君は身体が奮い立ってしまったっていうんだよ。

松岡 それが今の日本の教育です。一つの答え以外はすべて間違いで排除するという感性の乏しさ、融通のなさ。心の余裕がないようにも思います。

行徳　教育は詰め込みになって、「教える」が「抑える」になっているんだね。

松岡　そう考えたときに、今は感性というものを授業に入れていくチャンスなのではないかと思うんです。変わらなければいけないことは、みんなわかっているんですから。

日本のサラリーマンこそ「企業感性」が必要！

行徳　ずっと前にこんなことがありましたよ。橋口收《おさむ》さんという大蔵省出身で広島銀行の頭取をおやりになった方がいる。この方が広島商工会議所の会頭だったときに、広島県内の経営者を集めて「社長大学」というものを開いた。一年間の日程で、僕もたまたま講師を頼まれた。

そのとき橋口頭取に「一体私に与えられたテーマはなんでしょうか」と聞いたら、「企業感性です」と言われた。企業感性っていう言葉をそのとき初めて聞きましたよ。これが今、必要なんだね。

たとえば今の政治家たちの感性の鈍さはひどいもんだよ。政治感性がない。そんな人たちが七百十三人もいるんだからね。だから、ここの教育から始めなければダメでしょう。今の政治家に一番欠けているのは政治感性。国民に本当に寄り添って国を動かすには感性が必要なんだ。

松岡　先生はよく頭でっかちとか、詰め込み過ぎとか、情報を知り過ぎだとかおっしゃいますけれど、失礼なことを言うと、それは先生のことじゃないかと思ったことがあるんですよ。だってめちゃくちゃ情報を持っているじゃないですか。本が何万冊頭の中に入っているんだっていうぐらいの情報量ですよ。頭でっかちにならない方がおかしいでしょう。

行徳　そこが面白いところで、感性がアクティブになっていると、いくら情報が大量にあったって振り回されたりしないんだよ。

「死は新たなる生である」という幸福の美学

行徳　作家の高見順《じゅん》は「人生の完全燃焼、それが死だ」と言っている。生の躍動と充実、その極致が死だと。だから、今、僕はこの書を名刺の代わりに渡しています。「死」と書いてある。

松岡　リオ・オリンピックのとき、日本ではブラジルが非常に危険な国であると報道されていました。そこで、大会中にリオで車に乗っていたとき、ブラジル人のコーディネーターを通じて運転手さんに「ブラジルって怖いんでしょ。たくさん人が殺されているんだよね」と尋ねたところ、こう返されました。

「確かにブラジルでは多くの人が殺されているけど、その数よりも日本で自殺する人のほうが多いんじゃないか。そんな国はどうなの？」

その言葉に、何も返すことができませんでした。

確かに、現代の日本にはいじめや差別の問題があり、社会の中で自分の居場所を見つけられず、死を身近に感じる人たちが数多くいます。先生は、このような日本の現状について、どのようにお考えですか？

行徳　この「死」と書いた名刺を皆に渡すと、十人中十人から縁起でもないという顔をされるよ。だから、ちょっと待て、死が縁起でもないというのは、あなたの生き方自体が縁起でもないからだろう、と言うんだ。死というのは忌み嫌うものじゃない。だいたい死を恐がるから、死におののいているんだよ。僕に言わせれば、死は見事な賛歌だ。

ＫＤＤＩを稲盛和夫さんと一緒につくった千本倖生《せんもとさちお》さんが、私のために書いてくれた言葉がある。「行徳先生、命の日に贈る。生死一如は先生の哲学の極致。死はまさに生の完勝であり、新たなる生であると喝破されたことに深い敬意を表します。先生、心よりありがとうございます」と。この「命の日」というのはキェルケゴールが死んだ命日のこと。

作家の立花隆さんは『死はこわくない』という本を書いて死んでいった。この歳になると実感するけれど、死は怖くないし、不吉なものじゃないよ。死は綺麗なもの。死というのは絶対に美学じゃなきゃ。

死生学
――死を学んで、心豊かに生きる法

行徳　分子生物学者で遺伝子の大家、村上和雄先生が二〇二一年に亡くなったとき、『致知』

から弔辞の依頼があった。

そのときに、「私は村上先生のご逝去に接しお悔やみを申し上げるつもりはありません。冥福も祈りません。なぜなら村上和雄先生は私の中に生きておられるんだから、生きている方に対して冥福を祈るのは失礼千万」と書いて送ったら、「ちょっとこれは……」と編集部から怒られた（笑）。

死というのは最高の美学。今、日本人に足らないのは死生学ですよ。上智大学名誉教授でカトリック司祭のアルフォンス・デーケン先生は、「死の哲学」という講義を担当されて、死との向き合い方を若いうちに学び、最期まで心豊かに生きようと「死への準備教育」を提唱された。

日本という国は世界最強の教育国家であり、世界最強の教育民族であるけれど、惜しむらくは死に関する教育は今ゼロに等しいとデーケン先生は言われている。「死に学」がないから「生き学」もない。いかに生きるかというのは、いかに死ぬかの中にしかないんだよ。

松岡　戦争はよくないですが、先の大戦では特攻隊も含めて、死と真正面から向き合ったわけじゃないですか。日本人にそういう強さとか本気さがあったのは確かですよね。

先生は研修で山に籠《こ》もる前に二時間も坐禅をして自分と向き合っていると言われましたけ

れど、そこにも何回も死んできたという思いがあるのではないですか？

行徳　言ったように、一回一回死ぬ覚悟で入れば楽なんだよ。

挫折・失敗・後悔が、人生を実感させてくれる

松岡　先生はＢＥ研修でいろいろな人たちを見てきていますよね。その中には、死にたくない人も、死を怖がっている人もいたでしょう。先生自身が死を受け入れて、死は前向きなものだと思うようになったのは何歳ぐらいからですか？

行徳　目が不自由になってからだから、本当に最近のことだよ。

松岡　それまでは死は怖かった。

行徳　やっぱり怖い。それと未練があった。今、全く未練がないと言ったらウソになるけれど、死というものは未練がましく考えるようなものではないなと思っている。鎌倉の報国寺の住職だった菅原義道という方とよく本堂の前の縁側で話をしたんだけれど、その人が私に

一冊の本をくれた。それが『死んでもともと』という本だった。その通りだなと。

松岡　死んでもともとだと。でも、目が見えなくなったことで死が怖くなくなったというのは、どうしてですか？

行徳　死というものを実感するようになったから。どこにも一人で行けないし、倒れればそれで終わりだからね。そういう不自由とか不具合があるから生きるということを実感するんだ。「そうか、死に向かって生きてきたんだな」って。それは『葉隠《はがくれ》』の世界になってくる。表じゃなくて陰が大事だよということだ。どうしても我々は陽を求めようとするけれど、そうじゃない。陰があっての陽なんだ。だから陰陽と言うんだ。陰陽学であって陽陰学じゃない。

松岡　その陰というものは、人に見せないようなところですか？

行徳　そう。いろんな挫折や失敗や後悔があるから、生きることが実感できる。息子との確執や女房の病気などもそうだ。自分にいろんな挫折があればあるほど、生きることが面白くなってくるんだよ。

完全燃焼して生きるには、どうすればいいか？

行徳　『葉隠』にこんな教えがある。「人の一生はわずかの事なり。好いた事して暮らすべきなり。夢の間の束の間を、好かぬ事して、苦をみて暮らすは愚かな事なり」。これは僕が『葉隠』の中で一番気に入っているところ。好きなことして生きろって、武士道が教えているんだよ。

それから谷中《やなか》にある平井正修《しょうしゅう》住職の全生庵《ぜんしょうあん》。山岡鉄舟の菩提寺《ぼだいじ》だ。この「全生」というのは生を全《まっと》うして完全燃焼するということ。修造君の強さというのは、この完全燃焼にあるだろう。完全燃焼して生きてごらんなさい。悔いなんか残らないよ。

道元禅師が「薪は灰となる、さらにかえりて薪となるべきにあらず。しかあるを、灰はのち薪はさきと見取すべからず」と言っている。薪を燃やして灰になれば、灰が再び薪に戻ることはない。灰が後で薪が先にあるわけではない、と。薪を真っ赤に燃やしたら灰しか残らない。風が吹いたら灰もなくなってしまうよ。つまり何も残らないということ。だから後悔なんてものは残らない。

一番いいのは完全燃焼。全生だ。生きることはこんなに素敵なことか、こんなにありがたいことかと実感すると、もう後悔なんかないんだ。そして死というもの対する恐れがだんだんなくなってくる。死を忌み嫌うなんてとんでもない。死に感謝するぐらいにならなくちゃならない。生と死の超越だ。

今はこうやって生きている。しかし、今日このあとに何があるかわからない。一九八五年、御巣鷹山に落ちた日本航空機の中には僕の知り合いが四人も乗っていた。キャンセル待ちで乗った人もいたんだから。

松岡　何が起きるかわからない。

行徳　一寸先は、誰にもわからない。

最後は「母親という存在」に思いをはせる

松岡　でも、先生はまだ死んでいない。今、生きています。だからこそ、話しておいてほしいことがあります。

その一つが「母」という存在です。ＢＥ研修では最終的に自分の感性でたどり着くところが「母」ですよね。

行徳　そこがすべて。

松岡　行徳先生のお母様ってどんな方だったんですか？

行徳　僕のおふくろはもともと学校の先生だった。しかし、親父はおふくろを侮蔑《ぶべつ》していた。「お前がこんな子供を育てたんだ」って言ってね。兄貴だけは特別だったけど。

松岡　前にも夫婦喧嘩の話がありましたけど。

行徳　僕は子供のときに親父とおふくろの諍《いさか》いの中で育った。この夫婦は前世の敵同士が一緒になったんじゃないかと思うくらい仲が悪かったんだ。

松岡　相対的に見て、お母様はどんな方だったんですか？

行徳　学校の先生だったから、うちには多いときは三十人も四十人もおふくろの生徒たちが寝泊まりしていた。学校で教えないことをうちで教えてやっていた。しかし親父にとってはそれも気に入らない。それで何かと言えば喧嘩だ。

松岡　僕の母は宝塚にいて「清く、正しく、美しく」でやってきたからか、非常に自由でした。だから僕も、何かをしなくてはいけないという決まり事があったわけではありません。勉強ができなさすぎて母が学校から呼び出されて謝っていましたが、だからと言って「勉強をしなさい」なんて、ただのひと言も言われたことがない。「試合に勝ちなさい」と言われたこともないです。「好きなことをしなさい」といつも言っていました。

母から特別な教えを受けたということはなかったと思いますが、自分らしくということは言われていました。僕も相当悪ガキでしたし、周りに迷惑をかけていたけれど、何をしても母から叱られたことはなかったんですよ。「自分らしくしていなさい」って。それは今もすごく感謝しています。

母は僕を信じてくれていました。なにしろ、僕が慶應義塾高校からいきなり柳川高校に行きたいとか、アメリカに行きたいと言ったら、普通なら到底許されないでしょう。しかし、母は「おやりなさい」と背中を押してくれて、さらにはアメリカにまでついて来てくれた。僕は英語が全く分からなかったので、母がサポートしてくれたんです。そのことを思い出すたび、胸がグッと熱くなります。

母には、まず謝る。そのあとに感謝をする

松岡　先生にとって、お母様の何が先生の感性を奮い立たせてくれたと思いますか？

行徳　喧嘩ばかりだったけれど、それでも親父を陰で支えとったね。表で支えようとしても親父はおふくろを認めないからね。おふくろをここまで痛めつけやがってと、親父が本当に許せなかった。

だが、その親父は六十四年間おふくろと連れ添って、晩年、おふくろがリウマチを患ったときには風呂にも入れてやっていた。あれを見たときは、あんなに仲が悪かった親父とおふくろだけれど、なかなかいい親父とおふくろを持っていたんだなと思ったよ。

母という存在はものすごく大事なんです。長渕剛さんは前に紹介した『殺気』という本の中に母ちゃんの絵を描いているんだけど、そこに二人の母ちゃんを描いている。片方は「母ちゃん、すまんな」、もう片方は「母ちゃん、ありがとう」。長渕さんの感性の原点はこの二人のおふくろなんだ。

現代人はすぐに「ありがとう」を連発する。何かといえば「ありがとう」と言うけれど、そ

ういう人間は全く「ありがとう」がわかっていない。「ありがとう」の前には「すまん」があるはずだよ。

だって、さんざんおふくろを泣かせてきたんだから、最初に「すまん」があって、そのあとに「ありがとう」でなきゃいけない。母ちゃん、許してくれと、まず謝らなくてはいけない。感謝の謝はもともと謝るという字だよ。

山で追い詰めると、最後はみんな「母ちゃん、許してくれ」「母ちゃん、すまんかった」と言う。そして最後は「母ちゃん、助けてくれ」と。あそこに人間の原点がある。やっぱり、おふくろ、母ってものすごく大事ですよ。すべての原点は母ちゃんですよ。

松岡 先生はだいぶ「すまん」ということをしてきたんだろうなと想像します（笑）。

行徳 謝ることばかりだね。

松岡 それに対して後悔はないですか？

行徳 やっぱり後悔はあった。しかし、ここにきて後悔が少なくなってね。

松岡 少なくなってきた。

行徳 大体、「反省します」と言ったところで反省になんてならないでしょう。それはその場を繕うだけだ。反省の前に悔しさとか「この野郎」という気持ちがある。人間、簡単に反省なんかできないよ。ただ、反省というのもこのごろは少なくなってきたね。

松岡　それはもう気にしなくなったからですか。

行徳　気にしなくなったのと同時に、やっぱり「ありがとう」という気持ちが出てきたからでしょう。九十二歳になってもこれだけ食わしてもらえる。それこそ「ありがとう」ですよ。それが圧倒的かな。だから後悔の必要もなくなってくる。

故郷で自分のために祈っている母を忘れるな

行徳　おふくろへの帰依《きえ》ということでは、吉田松陰が残したと言われる歌がある。「忘るなよおまえのためにふるさとで　泣きつつ祈った　母あることを」と。母ちゃんが田舎で泣きながら祈っとるぞっていう歌だけれど、これはある意味、ディフェンシブなことで傷ついている心に最高の一喝になるわけですよ。

田中清玄という方がいる。学生時代、武装共産党の武装隊長をしていて警察につかまり、厳しい拷問を受けた。

しかし、どんな拷問にも負けず、転向することはなかった。ところが、おふくろさんが「天皇に逆らう不肖の息子を持ったお詫びをする」と言って自決されたんだ。それを獄中で聞いた途端、今までどんな拷問にも屈しなかった田中清玄さんが転向を宣言するんだよ。

だから、感性の現実というのは母ちゃんへの帰依。もうすべては母ちゃんなんだ。母という存在がこれからますます大事になりますよ。

我々は小樽でも山籠りをやるんですよ。

なぜ小樽かというと、それは小林多喜二《たきじ》の故郷だから。小林多喜二は銀行に勤めていたけれど、共産党員で、国家権力に逆らって捕らえられた。そして特高警察の過酷な拷問にさらされる。小林多喜二の体力がどんどん衰えていくと、裁判所は多喜二のおふくろさんに三十分だけ接見を認める。そのとき、おふくろさんは小樽にいて、東京までの旅費がない。そこでみんなから金を集めて雪の深い日に列車で小樽を発ったんだけれど、雪で立ち往生してしまう。そのとき、おふくろさんは列車から飛び降りて、前の列車に乗るために雪の線路を走ったんだ。

当時、小樽から東京まで二日か三日近くかかった。接見の時間はたったの三十分しかない。

おふくろさんと息子は滂沱《ぼうだ》の涙を流すばかりで言葉もあまり交わさなかったけれど、三十分たったとき、おふくろさんが多喜二に「母さんは、たとえどんなことがあってもお前を信じているよ」と言葉をかけた。もう息子の死を覚悟していたんだろうね。それだけ言い残して別れた。

その後も官憲の拷問はさらに過酷となって、あるとき「お前のような国賊は地獄へ落ちろ」と罵《のの》しられ、釘が仕掛けられた椅子で殴られた。

そのとき多喜二は瀕死の重傷を負いながら、官憲に向かってこう叫ぶ。「母親から信じてもらえた私が地獄に落ちるわけはない。必ず、必ず天国へ行ける」。そう言い残して死んでいったんだ。

こういう話を山の中でするんだけれどね。やっぱりすべては母ちゃんなんだよ。

第五章
最高の人生を実現する「幸福の授業」

「意味を感じたら、命は燃える」という言葉

松岡　僕は先生の弟子にはもちろんなれませんでしたが、先生はどこかで僕に継いでほしいという気持ちがあったように思います。僕はその強い思いを感じていましたし、先生はいろんな形でそのことを伝えてくれました。いろんな方を連れてきて「やってみないか」と勧められることもありましたね。

でも、僕はことごとく断りました。そのことに対して、僕は逃げたという気持ちをずっと持っているんです。先生には寂しい思いもあったのではないかと思うのですが。

行徳　しかし実際、「修造チャレンジ」で世界を目指すジュニア選手を指導する姿、あれは完全にBEの世界だよ。あそこまで子供を追い詰めるかと私が思うくらい厳しかった。

松岡　それは僕が山に籠《こ》もったからこそできていることです。最初のミーティングは先生のやり方を意識しながらものすごく時間をかけて、ひと言目を大事にしてやっていました。今はそこまでやっていないですが。

ただ、一回だけ、集中したかったのでカーテンを閉めたことがあるんです。よけいなもの

を入れたくなかったから、スタッフにもひと言も喋《しゃべ》るなと言って。そのときは殺気立っていましたよ。その様子がテレビで放映されてものすごく叩かれたんです。

行徳　ああ、そう。

松岡　ええ。なぜ僕は先生の弟子になれないと思ったのか。一つは、僕は先生から言うと偽者なんですよ。

行徳　いや、そんなことはない。あの「修造チャレンジ」は本物だよ。錦織圭君なんか修造君に泣かされ続けて世界のトップクラスに上がったんだから。

松岡　ある意味、彼らにとってはいい時間というか、幸せだったのではないかと思います。本人たちはどう思っているかわかりませんが、僕は本気で向き合っていましたからね。周りからはいろいろ言われましたが、必要だと思ったからやったことですし、そう彼らにも伝えました。なんとかして彼らの殻を破りたかった。それは確かです。

でも、僕の先生への思いをひと言で言うと「師匠」というより、一つの憧れ的な存在なんですよ。思ったことをバシッと言うし、自由ですからね。僕はそこを避けているようなところがあるんです。自分のポジションとかいろんなことを考えたときに、言いたくても言えなかったりしますから、先生がすごく羨ましい。先生に比べれば、人の中に入っていく強さが

自分には全然足りない気がします。

先生は今でも山へ入っていけるでしょう。もちろん体力的な問題もあるし、鉄拳を振るうのは厳しいかもしれませんが、どんな人が来ても言葉と動きで平伏させる力は全然変わらないと思うんです。

行徳　楽しいね、こういう対談は（笑）。僕は修造君に、若者たちに火をつけてもらいたい。芳村思風先生の言葉だけれども「感じてこそ人生、燃えてこそ人生、意味を感じたら、命は燃える」。燃えなきゃ。

松岡　先生のお話を聞いていて、改めて僕にとって行徳先生は心の師なんだと感じますね。

人に渡すべき大切な預かりものが、自分の中にある

松岡　僕のテニスの師匠はボブ・ブレットさん。彼は世界一の選手を何人も育ててきた名コーチです。すい臓がんで四年前に六十七歳で他界しましたが、先生とすごく似ているところが

あって、一匹狼で絶対に譲らないんですよ。思いが強い。ぶれない。だからこそ衝突することも多かった。

でも、僕はその背中を見てきて、そういう人と一緒にいられてよかったなと思うんです。闘病中もオンラインでほぼ毎日会っていましたが、話し始めると二、三時間は止まらないんです。僕はずっと彼の話を聴いていました。

そして手術前日に連絡すると、彼がベッドの上で寝たままラケットを持っているんですよ。何をしているのかなと思っていたら、「修造、ラケットを持って来い」「バックボレーしろ」って言うんですよ。僕がやって見せたら、「ノー、もっと前へ」って……もうやりながら涙が止まらなかった。というのも、それは彼が最初に僕に教えてくれたことだったんです。

これが彼と話した最後になりましたが、彼が亡くなる前に示してくれた原点というか生きざまは、そのまま僕の原点でありたいなと思っています。彼は途轍《とてつ》もないことを教えてくれた気がしてしょうがないんですよ。でも、それは先生も一緒です。永遠に変わらないから。

行徳　心を揺さぶられる話だ。

松岡　先生の師匠の話もお聴きしたいです。

行徳　僕はやっぱりいい師匠を持ったよ。田里亦無《たざとやくむ》という道元禅の研究家で、鎌倉の自坊「庵《えん》天洞《てんどう》」で坐禅を開いていた方です。この先生は本当に見事だよ。亦無という名前は般若心経からとったそうだ。田里亦無だから、田んぼの里の中で何も無い、と。学歴は？　そんなもの無いよ。職歴？　そんなもの無いよ。あれもこれも「亦無《またな》し」。無い無い尽くしだ。

この田里先生の好きな言葉に、フランスの詩人シモーヌ・ヴェイユが遺した「与えるというものではないが、人にぜひ渡しておかねばならぬ大切な預かりものが、自分の内にある」というのがある。「与える」というと上から目線になってしまう。でも、そうではなくて、どうしても渡したい、受け取ってもらいたいものがある、と。その言葉通り、田里先生は上から目線なところが一切なく、謙虚で飄々《ひょうひょう》としていて実に魅力的だった。

自分の中の「子供っぽさ」を大事にする

行徳　田里先生と一緒にアメリカへ行ったときのことは忘れられないね。

ある日、サンディエゴの近くにあるカール・ロジャースという心理カウンセリングの世界的権威の研究所に行ったんだけれど、そこからロサンゼルスに帰る途中、先生が「ちょっと海岸に寄せてほしい」って言った。「いや、お疲れでしょう。もう帰らないと夜遅くなります。海岸に寄って何をされるんですか」と聞いたら、「太平洋に沈む夕陽を見ないでは帰れません」と言うんだ。そのときは鉄槌《てっつい》を食らったような衝撃を受けた。この見事な幼心。

明治天皇の御製に「すなほなる　をさな心を　いつとなく　忘れはつるが　惜しくもあるかな」とある。何が惜しいといっても幼心、子供っぽさをなくすこと以上に惜しいものはない。生きているという実感を教えてくれるのは幼心なんだ。

松岡　その師匠とはどうやって知り合ったんですか？

行徳　私が田里先生の教えを受けに行ったのは労働争議がきっかけなんですよ。その当時（昭和三十年代）、日本中が赤旗だらけだった。三井三池炭鉱は、土地全体が戦場になったし、王子製紙も百十三時間もストライキを打たれた。三越ですら、あのライオン像に赤旗が掛けられたし、東宝だって東宝争議というのがあった。会社の中が赤旗だらけになって、飛び降り自殺する経営者がたくさんいたんだから。

私の仕事はそんな赤旗の連中と闘うことだった。勤めていた会社が財閥系であったこともあって、赤旗の洗礼を受けていなかった。でも、ある会社を買い取ったところ、そこが労働組合の巣窟《そうくつ》だった。共産党員だらけの会社を買い取ってしまったわけだね。その連中と闘ったんだ。もう明けても暮れても毎日赤旗だ。

そんなときに田里先生の教えと芳村思風先生の哲学が力をくれたんだね。

囚われない心、こだわらない心をつくる

松岡　師匠の田里先生は何を教えてくださったんですか？

行徳　それは「無礙自在《むげじざい》」ということだよ。囚《とら》われざる心。こだわらない心。田里先生はまさに木鶏の如く、気負わず飄々としていて、何があっても動じない胆力のある方だった。いつもにこやかで白隠禅師みたいなところがあったね。その存在にどれだけ勇気づけられたことか。田里先生の無礙自在の教えがあったからこそ、私は赤旗の連中と闘う勇気が得られたんだよ。

「正師《しょうし》を得ざれば、学ばざるに如かず」と道元禅師は言っているけれど、人生において素晴

らしい師匠を持つことがいかに大事か。田里先生に出逢い、学んだおかげで、今の私がある。だから、今でも毎年正月には必ず鎌倉に行ってお墓参りをして先生に語り掛けているんだよ。

松岡　今の時代でも、そんな師匠と弟子という形はつくれますか？

行徳　もっと時代が切迫していくと必ずつくれるよ。今は何事も満たされ過ぎているけれど、これから時代はだんだん切迫してくる。様々な危機が襲い掛かってくると、やっぱりいい師匠を持つことが求められるようになるだろうね。

河井継之助《つぐのすけ》の師匠は山田方谷《ほうこく》だけれども、継之助はどうしても方谷の弟子にしてもらいたくて、新潟の長岡から岡山の高梁《たかはし》までやって来る。ところが、方谷は教えている暇がないからと言って弟子入りをなかなか許してくれない。そこで継之助は許可が下りるまでずっと待つ。そのときに泊まっていた旅館は油屋さんといって、映画『千《せん》と千尋《ちひろ》の神隠し』に出てくる「油屋」のモデルの一つになったと言われている。継之助はそこで勉強を続けるんだね。

そしてやっと弟子になる許しが出て、継之助は方谷の薫陶を受ける。新潟に帰るときには方谷から王陽明全集を譲ってもらう。そして高梁川を渡ると、街道の榎《えのき》のところで対岸にいる方谷を振り返り、三度土下座をして礼を言って涙ながらに去っていく。長岡に戻った継之助は戊辰《ぼしん》戦争で官軍と戦う。司馬遼太郎の『峠』という小説の主人公が河井継之助だよ。

あの当時は、いい師匠を持つことが本当に大切だったんだ。「正師を得ざれば、学ばざるに如かず」というそのものだったんだね。僕が経営者の二世に言うのは、親父の背中は最高の教科書だから、その背中に学べということだ。親父の背中に師匠を見ろ、と。僕は田里先生に教えを受けたことに心から感謝しているよ。

人を信じることこそ、強さである

松岡　いい師匠を持つにはどうすればいいでしょうか？

行徳　いい師匠を持つには感じ合えるかどうか。感じ合うためには求め合わないといけないね。感応道交という言葉があるけれど、求めたら感じ合えるから。もちろん、その大前提として求めるものがなければいけない。

求め合って感じ合ったら師弟関係は底がない。逆に言えば、感性が鈍い人間は最初の交わりすらつくれない。こんな不幸はないよ。

松岡　僕と行徳先生の共通点はチャレンジするということですね。挑み続けている。そして、進化し続けている。あとは信じること。師弟関係では信じることが大事ですよね。

行徳　信じるというのは感ずることだよ。「信仰こそ力」というのはそういうことだろう。信じる力は感ずる力。信じるためには感じなきゃいけない。

松岡　自分が何かに挑んでいるときもそうだし、また誰かが何かに挑戦している姿を見ていると、僕もワクワクします。ああだこうだというよりも、その人がずっと挑んでいる、その生きざまに心が動かされるんです。そんな人を見ていると、学びに行きたいという気持ちになる。その人から何かを感じられると思うからです。

今日の先生の話を聴いていると、生きるということに今、僕は超チャレンジしている感じなんです。だから、死というものも受け入れられるということだと思います。

僕は教えをどう受け取るかということはあまり考えたことがないんです。師匠のどういうところを学ぶのが大事だとか、どういうところを見たほうがいいとか、それは各人が決めることだし、感じることだから、答えは一つではない。だから僕はいつも自然のままでいます。そこから、先生の言われた「ぶつかり合って、感じ合って」というところに繋がるのだと思います。

説諄
――諄々と諭すように話す効果

松岡　師匠と弟子の固い絆というものは確かにあると思います。でも、もっと広い視野で考えたらBEで山に入ってきた人は皆、先生の弟子ですよ。だから、僕には行徳哲男の魂が入っているんです。道に迷ったときには、あの山にいたときの自分に戻れるし、先生の言葉が甦ってくる。そういう意味では、先生はとてつもない数の人を弟子として育てているんだなと思うんです。

行徳　ただね、弟子として育てるなんて言うと思い上がりが出るよ。だから、一緒に体験をし、共に学ぶというくらいのほうがいい。そう思うようになって、僕は最近、講演で座って話すようにしたの。

松岡　立たないで？

行徳　立たないで。もちろん体力的なこともあるけれど、立って話すとどうしても上から目線になる。そうすると日蓮上人みたいに折伏的《しゃくぶくてき》になってしまうから目線を下げようと思ってね。田里先生は私と目線が全く同じだったからね。

その点では修造君のインタビューは見事だよ。修造君はインタビューをするとき、相手と目線を合わせているでしょう。誰かが修造君のその態度をものすごく褒めていた。相手と目線を合わせるために、背の高い修造君が屈《かが》むという場面をテレビで観たけれど、そこはものすごく大事。そういう謙虚さが大事なんだね。

僕のように上から目線で「聴けーっ！」っていうのは「逆化」というんだ。もう一つ「説諄」というのがあって、これは諄々《じゅんじゅん》と諭すように話す。僕は今、説諄を少し学びたいと思っているんだ。

相手に自分との「違い」でなく「同じ」を見つける

松岡　何が人の心を動かすのか。それは人の「本気」だと思います。僕の大好きな言葉ですが、本気で来ている人はわかるんです。僕がジュニアの子供たちに本気で向かっていったら、感受性豊かな子供たちはそれをわかってくれます。

そこに綺麗な言葉とか優しい言葉とかは必要ないし、そんな気遣いをしても子供たちの心には刺さらない。言葉が綺麗とかじゃなくて、「自分のことを本気で思ってくれているんだな」ということが伝わったときに初めて心が動くんです。

僕が何かを言ったときに全員が動くかどうかは別の話です。でも、その本気さはまさに感性。感じ合う力に繋がってくるものです。変な言い方ですが、本気というのは大声とか大きな動作とかとは全く関係ありません。小さい声だろうがなんだろうが、大事なのは相手の心に届くかどうかです。

僕みたいに泣いたり、大声を出したり、動いたりっていうのは全然熱さじゃない。相手に伝えられるかどうか、自分が本気かどうかというところを僕は大事にしています。

行徳　京都大学の総長もされた平澤興《こう》先生が「人が人の心に火をつける」と言っているけれど、まさにその通りでしょう。しかし、教えるな、抑えるなというところが大事。抑えて横から芽が出てくる子は強いけれど、それはなかなか難しい。レッセフェールと言ったけれど、子供たちは自由で奔放でなきゃ。本当の思いやりというのは厳しさがなくちゃいけない。愛がなければ厳しさはないよ。

感性というのはもともと等質化、質を等しくする世界なんだ。理性の罪は違いを探し出すことだよ。違いばかり探せば、そこに諍《いさか》いが起こる。戦争だってそうでしょう。ロシアがウクライナを攻撃したり、イスラエルがガザを攻撃したり、世界で戦争が起こっている。違いではなく同じを見つければ、あんな悲劇は起こさないで済むのにと思わずにはいられないよ。知性や理性で違いを探すから争いになる。なんで同じを探そうとしないのか。どんな戦争も違いを探して殺し合いになっている。同じを探していけば戦争なんて起こらない。今はみんな違いを探し過ぎるよ。

若者の精神を大事にしない国に、未来はない

行徳　僕は今、若者たちを相手に大学の講義をするのが一番楽しい。学生たちは孫よりも年下だけど、全く違和感がない。違和感がないのは感性の力。感性っていうのは違いを探さない世界。だから若者たちに違和感が全くないんだ。

僕は、「今どきの若者」という言葉を禁句にしているんですよ。「今どきの若者め」と言わ

れた若者は、「今どきの年寄りめ」と思っているでしょう。

どんな時代でも、世の中を動かしたのは若者だよ。大化の改新だって、信長の天下布武だって、明治維新だって、みんな若者たちによる革命だよ。

大人はすぐ「今どきの若者たち」と言って切って捨てて、若者たちと向き合おうとしない。若者から逃げているよ。そんな若者が逃げるような大人に若者が共感するわけはないでしょう。大人は若者を見て、洟垂《はな》れ小僧だ、甘ったれた子供だと言うけれど、いつの時代も世の中を動かすのは青二才たちだよ。静が動に変わることが歴史、新が旧に取って代わるのが歴史なんです。小が大に変わって歴史なんだ。若者たちに失望している国に未来はないよ。

ケネディが大統領になったのは四十三歳のときですよ。そのときに彼は教会に礼拝に行っている。歴代のアメリカ大統領は神に向かって「今度、私はアメリカの大統領になります。国政をつかさどる私をどうか神様お守りください」と言って神からの加護を求める。しかし、ケネディは神に向かって「どうか私に困難と闘う勇気をください」と言い、守ってくれとは言わなかった。

ソヴィエトがキューバに核兵器を持ち込もうとしたとき、ケネディは「もしそれを持ち込んだら船を撃沈するぞ」と決然と言い放った。あれがなかったら、第三次大戦はあそこから

始まっただろう。それを防いだのは若き指導者の勇気だったんだよ。

情報をエネルギーにできる人、できない人

行徳　私は、経営学者のピーター・ドラッカーに二回ほどお会いしている。

お会いしたいきさつを話すと長くなるけど、光文社から『経営学入門』とか『経営学教科書』という本を出して空前のブームをつくった坂本藤良《ふじよし》という人がいるんです。この坂本藤良先生の親戚の方が製薬会社を持っておられたのだけれども急逝してしまって、坂本先生が会社を継ぐことになった。

しかし、坂本先生が継いだあと、会社が倒産してしまったんですよ。それで坂本先生は、経営学の本でベストセラーを出しているのに会社を潰したということで、猛烈なバッシングを受けて、病気になられた。

そのとき、日本の会計学の権威である今井忍《しのぶ》先生が、このまま日本にいたら坂本先生が潰

れてしまうというので、親しくしていたドラッカーに電話をして預かってほしいとお願いした。僕も坂本先生にはお世話になっていたから、その繋がりでドラッカーとお会いしたんです。

ドラッカーは『断絶の時代』という本を書いたけれど、正直言って、僕は最初、あんな膨大な本を読む気力も読む力もなかった。ドラッカーはもともとイギリスの投資銀行に勤務していたけれど、日本のことをものすごく勉強していて、特に明治維新を研究されていた。

彼は九十五歳で亡くなっているけれど、キャスターの野中ともよさんが最後のインタビュアーを務めた。

そのとき、ドラッカーはリセッション（景気後退局面）という言葉を使われた。「日本はこのリセッションを乗り切れないわけはない。日本民族は世界最強の問題処理民族じゃないか」と言ったんですよ。ドラッカーは日本の歴史を学んで、「日本人は大化の改新、建武の中興、蒙古の襲来など最高の国難を乗り切った民族じゃないか。だからこの程度のリセッションを乗り切れないはずはない」と言ったわけです。ただし、そのためには条件が三つあると。

その第一番に挙げたのが、経営や経済といったビジネスに関わる人は政治を信じないこと。日本の政治のお粗末さをドラッカーは見抜いていたんだね。政治家のパーティーに二万円も払って行くこと自体、経営者として甘いんだ。あんな連中になんで二万円も払わなくてはいけないのか。しかも、汗水流して生み出した会社の利益から支出して、何十万も買うというんだからね。それは逆で、政治家たちが千円くらい車代を包んで自分の政策を聴きに来てもらうというのが本来のあり方だろう。その意味で、今の政治は死んでいるよ。

二番目に挙げたのが、経営者は判で押したようにヒト・カネ・モノが経営の三大要素だというけれど、情報を含めて経営は四大要素であると。しかし、その情報を受け取る側が知識で受け取ったら、それをエネルギーに転換できないとドラッカーは言うんだね。

つまり、情報をエネルギーにするためには感知する力が必要だということ。感性の鈍い人間は、どんなにいい情報があっても、それを使いこなすことができない。だから感性の摩滅というのは人類の危機に繋がるというわけだ。

日本の歴史から「日本人の精神」を学ぶ

最後の三つ目は、ドラッカーらしい。

明治維新は人類史上の奇跡だと言った。なぜなら、一滴の血も流れなかったし、一条の炎もなかったから。これが革命と維新の違いで、革命とは殺し合いで炎上だからね。確かに彰《しょう》義隊《ぎたい》が上野で戦って戦死者を出したけれど、将軍が殺されることはなかったし、江戸城が燃やされることもなかった。

これがエクセレントだとドラッカーは言った。日本人はそのことを忘れてはいけないということだよ。

あのとき江戸城が燃えるような事態になっていたら、日本は西洋諸国の餌食《えじき》になっていたはずだ。フランスもイギリスも日本を狙っていたから、内乱に乗じて日本に乗り込んできただろう。そうなれば完全に植民地になっただろうね。

昔、西洋の連中は「黄禍《こうか》」という言葉を使っていた。黄色人種は禍《わざわい》のもとだと言ったんだ。そしてアジアは禍のもとだからアジアを植民地にしてしまえと言って日本以外はほとんどすべて植民地にした。あの中国ですらアヘン戦争で西洋諸国の餌食になってしまった。

このドラッカーに奇跡と言わしめた江戸城無血開城の一番の立役者、それが山岡鉄舟だよ。駿府の松崎屋源兵衛さんの家で山岡鉄舟は西郷隆盛を泣きながら口説いた。そして西郷も、最後は涙を流して鉄舟の手を握って「お任せください」と約束して、勝海舟との会談が実現した。そして江戸城を無血開城して、徳川慶喜を駿府に移したんだね。

あの歴史の物語は日本人の原型だよ。一滴の血も流れない。一条の炎もない。こんな奇跡を起こしたのが日本人なんだ。そういう日本人の原型が近代史にあることを政治家たちが一番勉強していない。歴史を学ばない限り、今は決して見えない。それが今の混迷の原因だよ。

九十歳になってなお最前線に立てるメンタル

松岡　ここまでいろいろとお話を伺って、ある意味、先生は死なないんだなと感じました。
行徳　最近は死の存在が身近に感じられるようになってきたけど、死ってあるのかなって思うよ。だって、九十二歳でこんなふうに動いている人はおらんから。ある人が私のことを「九十二歳の今も第一線どころか最前線にいるじゃないですか」と言ってくれたんだけど、嬉しかったね。

松岡　最前線にいると考えると、もっと若者に伝えたい、こういう言葉を残したい、こういう日本にしたい、焦るような思いもたくさんあるのではないですか？

行徳　それは確かにあるけれど、そうかと言って、そんなに気負ってはいないよ。

フランスのアンリ・ベルグソンという哲学者が「人類は理性によって滅びていく」と言っている。今の時代、確かに暗澹《あんたん》たる状況だよ。だけど、こんな時代だからこそやることがある。それは感性の復権ですよ。

かつて私が戦った極左のリーダーだった藤本敏夫が「感性の復権」について、「行徳哲男の世界」という文章を書いてくれた。この檄文《げきぶん》、ちょっと長いけど紹介してみよう。

「理性が生き生きとした現実を把《とら》え、人々の実存を領道する名誉ある位置を占めるために、『感性の復権』という関門を通らねばならないと、行徳哲男先生は私達に説きます。

理性の体系はイデオロギーとして、人々の前頭葉に棲みつくのですが、しばしばそれは固定した観念となって私達を呪縛します。

ソ連邦とバブルの崩壊は、全く関係がないように見えながら、実は『近代的理性』の限界をさしたものでした。

行徳先生の世界は『ポストモダン』に対する最も重要な提案であり、この『感性の復権』の道をとらなければ、私達の細胞の遺伝子に埋め込まれた自然と歴史総体の発する言葉を聞くことは出来ないのです。

実際、私達は幾つもの色眼鏡をかけて現実に対してしまっています。この色眼鏡は現実を固定し、生き生きと動く万物の様を、一面でしか理解することができないのです。

そこでは、対立は永久に対立であり、マイナスは常にマイナスであるということになります。善は常に善であり、悪は常に悪なのです。

しかし、私達がもしも、行徳先生によって開かれた、こだわりのない、真に自由な目でみるなら、善はすなわち悪であり、マイナスはすなわちプラスであるという、現実そのものの本当の姿をありのままに見つめることができるに違いありません。そこでは、彼我の垣根は取り払われ、大いなる統一と絶対の中に実存する真如としての自分を発見できるでしょう。

ＢＥの世界に対立と偽りはありません。何故なら、対立を包摂する土俵にＢＥ人は立っているからであり、相手を全的に理解する立場を有しているからです。この世に存在するもの全て、存在する意味を持っています。その意味で万人は最も根源的なる所で平等であり、従って自由なのです。

行徳先生の言動はまさにその象徴的な表れであることに、BE人ならば先刻お気付きのことでしょう。行徳先生は、誰に対しても、実存の世界に於《お》いて差別しません。そして、何ものにもこだわらず自由です。

だから回りの人間はウロウロ、ハラハラ、イライラということになって、結果的に自らの観念を常に壊し続けねばならないという羽目におち入ります（後略）」

この藤本敏夫は学生運動に関連した公務執行妨害などで三年近く刑務所に入った。刑期を終えると三島の龍沢寺で参禅し、そのあと山にやって来たんだけれど、実に見事な男だった。歌手の加藤登紀子さんが命懸けで惚れて、獄中で夫婦になったのも分かるよ。彼が遺してくれたこの「行徳哲男の世界」という檄文を僕は墓場に入るときに持っていくことにしている。僕は彼が亡くなる前まで枕元にいたけれど、本当にいい男だった。

前途は暗澹としているけれど、ドラッカーの言うように、日本民族はこの程度でくたばるわけがない。必ず再生するはずだ。これからはアジアの時代だ。だって太陽は東から上るんだからね。夜明けはアジアから始まるんだよ。感性論哲学から見ても、日本の頭上には何かがある。だから今の体たらくは腹が立つんだけれど、必ず若者たちが決起してくれるだろう。
僕も氣魄と氣力でこれからも最前線に立ち続け、若者と共に学んでいきたいね。

自分の人生を「最高の人生」と思って生きる

松岡　僕はＢＥ研修のように、人と真正面から向き合う合宿で人間の力を引き出すようなことをする人は先生以外に出てこないと思っています。だからこそ、それを先生の言葉で残したいと思い、インタビューさせていただきました。

今日のお話を伺っていて、先生が人間に対してずっと本気で向き合っていた人だということがよくわかりました。それは読む人にも伝わったと信じています。

伝わったあとで先生の言葉を耳にしたり、本を読んだりすると、響いてくるものが全然違うはずです。だから、こうして先生の言葉を残せたというのは僕にとって、とても嬉しいことです。

行徳　ただね、僕には残そうという気持ちは全くないんだ。鴻爪《こうそう》の教えというのがある。鴻というのはコウノトリ。南から飛んできたコウノトリは自分の足跡を残すけれど、北へ飛び立つときには自らの羽ばたきで足跡を消してしまって、後には何も残らないという教えだ。僕も今までやってきたことを消して、何もなかったことにしたいんだよ。

松岡　でも、消せませんよ。

行徳　もちろん、その気持ちは消せないよ。しかし、この鴻爪の教えは深いよ。自分がやってきたことを後に残そうとするなよというんだからね。

松岡　いや、先生は残そうとしなくていいんです。先生はすでに飛び立っていますよ。だから、先生に残してくれなんて頼みません。そこは大丈夫。僕が必要だと思うから残すんです。僕はＢＥの研修を思い出すだけで「感じろよ、自分らしくいろよ」と自分が奮い立ちます。それがなぜなのかを先生の言葉から読者の皆さんにも感じていただきたいと思うんです。

行徳　だんだん死も近づいてきているけれど、そう言ってもらえるのは最高だな。こんな生き方ができて、こんな幸せはないよ。

松岡　先生は僕をはじめ、たくさんの人に気づきと幸せを与えているんです。そこが先生のすごいところですよ。

行徳　自分が本当の自分だからだろうね。僕は家から出掛けるとき、必ず仏壇の親父とおふくろに「今日はこういうところに行ってくるよ」と言ってくるんだけど、そう言いながら俺はやっぱり最高の生き方をしているんだと思うよ。九十二歳になって、そう実感するよ。眼が不自由になったって助けてくれる人がいて自在に動けているんだからね。確かにサポーターを使って武装しているよ、転んだときのためにね。でも、今のところ下駄履きでも転んでいないし、ましてや下駄で海外まで出かけられるんだからね。こんな幸せなことはないよ。

松岡　すごいですね。僕も言ってみたい。九十歳になったときに「最高の人生だよ」って。

行徳　僕は最高の人生だけど、人にも自分の人生を最高の人生だと思って生きてほしいと思うんだ。自分がそうであればあるほど、人にもそうあってほしい。

ときには自分を激発させる、ビッグバンさせる

行徳　モンテーニュというフランスの哲学者が「私なればこそ、彼なればこそ」と言っている。

私がこうやって生きているから、あなたたちもあなたたちの生き方をしたらどうですかっていうことだね。思いやりというのは、もともと「私が私で生きているから、あなたがあなたで生きることを大事にしたいです」という意味なんだ。

だから、私が私で生きていない人間に思いやりなんて生まれない。思いやりのように見えても、それは見せかけだ。本当の思いやりの根底には、自分への思いやりがなかったらダメだ。自分が最高の生き方をしなくちゃ。自分至上主義。ある意味、徹底的に我儘《わがまま》を生きることだ。

松岡　我儘を生きる。我慢をしてはダメだということですか？

行徳　我慢し過ぎているよ、現代人は。貝原益軒《かいばらえきけん》の『養生訓』に腹八分目のすすめが書いてあるけれど、私は益軒先生の説にことごとく反対。大体、腹八分というのは、二分のストレ

スがあるということだよ。このストレスは満腹からくる病弊よりも遥かによくない。特に若者たちが腹八分をやったらおしまい。若者たちは溢れるほど食わなきゃ。

松岡　腹八分というのは後の二分を我慢しろということですか。なるほど。

行徳　「堪え難きを堪え、忍び難きを忍び」と終戦の詔書にあるけれど、耐え難きを耐えないで、ときには爆発させなきゃ。自分を激発させてみなきゃ。自分をビッグバンさせなきゃ。耐えることが美徳になってしまい過ぎている。私は耐えることは美徳だと思わない。

前にも言ったと思うけど、良寛禅師は貞心尼に「私はあなたに対してすべてを告白できた。だから安らかに死んでいけるよ」という気持ちを「うらを見せ　おもてを見せて　散るもみぢ」という辞世の句にしたためた。良寛は思いの丈をすべて吐き出して死んでいったんだよ。だから安らかなんだよ。

感性化社会
——「第四の波」に上手に乗ろう

松岡　先生が語られる物語とか言葉を哲学として捉えたときに、先生はどうやってインプットしているのだろうといつも思います。それらを暗記して伝える人はいますけれど、先生は蚕のように自分のものにして、自分の語りにして吐き出していますよね。そのことを自分の中でどのように捉えているんですか？

行徳　それはＢＥそのものですよ。ＢＥの研修は人のためというより私自身のためにやっていたような気がする。五十年以上も休まず続けた研修で、最も恩恵を授かったのは私だと思う。ＢＥが今の私をつくってくれたんだ。間違いなくそう言えると思う。

松岡　だから、ずっと野鴨でいられる。

行徳　そう。最近は「人のため」という言葉がやたらと使われるけれど、「人のため」なんて偽りだよ。まずは自分のためでなきゃ。

そういう意味では、人間は徹底的にエゴイスティックに生きることだ。エゴイスティックに生きたらセルフィッシュになるんだから。エゴイスティックに生きてごつごつ人とぶつかっているうちに、本当の自分、セルフに戻っていけるんだよ。今は綺麗事が多すぎる。

松岡　先生は思った以上にインターナショナルですよね。英語がたくさん出てきて、日本の哲学だけじゃない、世界の哲学をすべて集めた唯一無二の哲学のように感じます。ワールド行徳哲男みたいな。

行徳　そう言われるのは嬉しいね。たとえばエーリッヒ・フロムの教えはすごくいい教えで、彼は「悟りとはピーク・エクスタシー」だと言ったんだ。自分が最高のエクスタシーの中にいるときに悟りがあるって。

「進歩の終焉《しゅうえん》」ということを言った人がいるけれど、とにかく現代人は進歩に疲れ果てているよ。進歩するのはいい事だけれど、それで疲れ果てるのなら、ときに進歩の流れから休んでみるのもいい。

松岡　でも進歩は終わらないですよ。これからは宇宙ですよ。人間はどんどんどんどん行っちゃいますよ。

行徳　アルビン・トフラーが書いた『サードウェーブ（第三の波）』という本があるでしょ。トフラーは日本が好きだったから、よく日本に来られていた。『サードウェーブ』は世界的な名著になったけれど、彼の唱えたサードウェーブ、情報化社会はもう限界を迎えているよ。今はフォースウェーブ、第四の波が来ている。フォースウェーブとは何かといえば、まさに感性だ。これからは感性の時代。感性で生きると素晴らしく楽しいよ。

松岡　最もあるがままに生きた男、行徳哲男って感じですね。

行徳　あるがままに生きるのは楽しいし面白いよ。『どん底』を書いたソヴィエトのゴーリキーという作家が言っているよ。「働くことが喜びならば人生は天国だ、働くことが苦痛ならば人生は地獄だ」って。

目が不自由になって人の助けなしには歩けないようになったとき、最初は嫌だったよ。座頭市でもやろうかと思った。でも、今は目が不自由になったおかげで他のものが見えてきた。だから、目が不自由なことも、ありがとうという境地にまでは行かないにしても、こんな素敵なことないと思うようになったよ。

弱さを克服していく過程にこそ、価値がある

松岡　僕は最近、サインを書くときに「がん晴れ」という言葉を添えるようにしています。僕は頑張っている人に「頑張れ」とは言いません。いつも「頑張っているね」と伝えています。僕は根性論があまり好きじゃないので、ただ「頑張れ」と言うだけでは、どう頑張ればいいかわからない。だからこそ「頑張れ」という言葉は、具体的な方法をしっかり伝えた上で、達成可能な目標に向かって努力している人にかけるものだと考えています。

この「頑張れ」の「張れ」には「晴れ」という意味も込められています。人が一所懸命頑張っている姿を見ると、僕はワクワクするし、だんだん心が晴れやかになっていくんです。だから、一つのことに没頭し、本気で取り組む人が増えれば増えるほど、世の中は明るくなって、悪い方向へは進まないというのが僕の信念です。

そういう意味で、「みんながん晴れ」というメッセージは、僕にとってとても大切な言葉なんです。みんなが一所懸命努力している姿を見て心が晴れやかになれば、今の世の中も変わっていくのではないかと思っています。

行徳　修造君が「報道ステーション」でいろんな選手のインタビューをするのを見ているけれど、あれは素晴らしいよね。勇気がもらえるし、人間の優しさというものを感じられる。

松岡　視聴者も含めて、人の弱さというものに惹かれるんですよね。一流の選手ってすごく

強いと思うかもしれませんが、みんな弱さを持っている。僕はそこを聞いていきます。それはもしかしたらBEで自分がさらけ出した弱さに似ているのかもしれないと思うからです。

こんなすごいアスリートでも弱いんだ、頑張って弱さと向き合っているんだということがわかると、それも人の心を晴れやかにするんです。それを伝えるのが僕の役割だと思っています。トップアスリートのすごさは真似できないところがたくさんありますが、弱さを克服していく過程というのは誰でも共感できるのではないでしょうか。

人が慕って寄ってくる人間になる
——人生の道

行徳　我々は人格高邁《こうまい》、品行方正、謹厳実直、清廉潔癖というようなものが徳というものではないかと思っているけれど、徳の本義はそんなふう生きることじゃなくて、天真溌剌《はつらつ》とした無類の明るさにあるんだ。真剣に修行をすればするほど、立ち振る舞い、身のこなしが軽くなる。永平寺の修行僧たちの身の軽やかさを習得できたら、心は明るくなるだろう。

それから人間の全てが好きな人が徳のある人だよ。現代人はすべていいか悪いかでしか物が見られない。もっと極端に言えば、正しいか間違いかでしか見られない。しかし、人間はもっと奥深いものだよ。だから、とやかく言う前に現象そのものを「ごちそうさん」で受容すればいいんだ。

それからやっぱり学び過ぎだね。学び過ぎると博学になってしまう。博学というのは吉田松陰が嫌った言葉で、「博学にして世を失する」と言っている。知れば知るほど肝心要のことが見えなくなる、わからなくなるぞということだ。

松岡　先生はよくそうならなかったですね。知れば知るほど見えなくなるぞとおっしゃいますが、先生はむちゃくちゃ知っちゃったわけじゃないですか。

行徳　僕の場合は知っているということとは違うような気がするよ。

松岡　そこが今日聞きたかったポイントだったんです。いろんな哲学を自分の中にインプットしたことによって頭でっかちになるところが、先生はそれを自分のものにしてアウトプットされていった。どうしてそんなことができたのかがすごく聞きたかったんです。

行徳　まさに頭で知ったんじゃなくて、全身で、全存在で知ったということだね。頭でやると知に偏ってしまう。私の学んだ大学は成蹊《せいけい》大学というところで、安倍晋三君は十二歳後輩になる。成蹊という名の由来は『史記列伝』の「桃李《とうり》もの言わざれども下自ずから蹊を成す」という言葉にある。桃は物を言わないけれど、花の季節になったら人が慕ってくる。そうすると藪《やぶ》が道になる。要は、人が慕ってくる人間になれ、人が寄ってくる人間になれ、というのが成蹊のいわれなんですよ。

知に偏るなという意味が学生時代にはよくわからなかったけれど、人が慕って寄ってくる人間になることが人間の道だということなんだね。それを心がけていて、本当にたくさんの人が周りに集まってきてたから、間違いではなかった。

これから先、まさに未曾有《みぞう》の国難、民族の滅亡の危機だってなくはないだろう。でも、そんな中でもいろんな形で若者たちに希望と勇気を与えなくてはいけない。

それこそ一灯照隅だよ。光というのは影がなければ鮮やかにはならんよ。光が明るければ影も一層暗くなる。そういう陰陽が必要なんだ。影がなければ光の明るさに気がつかない。同じように、人生に絶望がなければ生きる素晴らしさに気がつかない。絶望を何度も経験し、それを突き抜けた人間だけだよ、毎日をいきいきと、鮮やかに生き抜いていけるのは。

松岡　最後の言葉はものすごく腑《ふ》に落ちました。先生、今日は魂の言葉をありがとうございました。

あとがき

「今、何を感じてますか？」

行徳先生に最初に投げかけられたこの言葉が、僕の人生を大きく揺さぶった。

「感じる」とは何か？

山籠《ご》《も》り中、自分と向き合い、もがきながら、その答えを探した。

感じるとは、ありのままを受け入れること。ありのままの自分でいること。今を生きること。

自分の殻を破り、自分自身に返った松岡修造を忘れることができない。


行徳先生とは、僕にとって何者なのか？

ウィンブルドンでベスト8へと導いてくれた人。

最愛の妻との出会いをくれた人。

ジュニア指導へ踏み出すきっかけをくれた人。

師匠か？　いや、違う。

なぜなら、僕には行徳先生のように哲学を貫き、山籠りに挑む覚悟はなかった。

いや、正直に言えば行徳先生は〝人間〟ではない。

一言で言えば、行徳先生は〝人間〟ではない。

行徳哲男という〝存在〟なのだ。

「徳」を胸に、「哲」学を糧《かて》とし、「行」動で切り拓《ひら》く「男」。人の心を動かす天才。


では、その才能はどこからくるのか？

労使紛争の経験もあるが、何よりも〝山〟だ。

何十年も続けてきた山籠りこそが、行徳先生を作り上げている。

人の殻を破ることは、生半可な覚悟ではできない。本気だけでも足りない。

行徳先生は「死」と向き合いながら、毎回、山に挑んでいた。

そして、人間を感じ続けてきた。

人の弱さ、強さ、優しさ、残酷さ……すべてを。本気で向き合い、殻を破った者たちの感性を、その魂に刻み込んできた。

そう、行徳先生は仙人を超えている。

なぜなら、先生は人間のすべての感性を宿しているから。

〝行徳哲男山〟は、怒り、叫び、歓喜、感動、そして〝涙〟で作られている。

僕は山でバケツ何杯分も泣いた。先生も泣いた。

涙が心を洗い流し、殻を破り、本当の自分との出会いをもたらしてくれた。

気づかれないようにしているが、僕はいつも先生と会うと涙腺が緩む。そして思う。

「自分は本気で生きているのか？」

自分に問いかけるきっかけとなる。


今回、致知出版社の皆さまには、本の内容に関して最初から思うがままに意見を述べさせていただきました。心より感謝申し上げます。

この本を手に取ってくださった方が、僕が山で受けた衝撃、そして行徳先生から授かった感性を、少しでも感じ取っていただけたら幸いです。

行徳先生の生き様を刻み込んだ一冊であり、魂の叫びを綴《つづ》った本です。

その熱が、あなたの生きる力へとつながることを願っています最も人間らしく生きている……それが行徳哲男。

だからこそ、先生はただの人間ではなく、我々が目指すべき生き様そのもの。

その生き様には、常に人間の限界を超えようとする力強さが宿っている。


行徳先生。

あなたの魂は、僕の中に生き続けています。

どうか、どうか離れないでいてください。

僕はこれからも、自分に問いかけながら生きていきます。

「今、何を感じてますか？」


この本を読んだあなたは、今、何を感じていますか？

松岡修造

行徳哲男（ぎょうとく・てつお）

昭和8年福岡県生まれ。35年成蹊大学卒業後、大手財閥系企業に入社。労働運動の激しき時代に衝撃的な労使紛争を体験し、「人間とは何か」の求道に開眼。44年渡米、米国流の行動科学・感受性訓練と日本の禅や哲学を融合させ、「BE研修(Basic Encounter Training)」を開発。46年日本BE研究所を設立し、人間開発・感性のダイナミズムを取り戻す4泊5日の研修を完成。平成11年12月に終了するまで550回、政財界・スポーツ界・芸能界など各界のリーダー及びその子弟ら約3万名が参加。現在はそのエッセンスを凝縮した研修を続けている。著書に『感奮語録』(致知出版社)など。

松岡修造（まつおか・しゅうぞう）

昭和42年東京都生まれ。10歳から本格的にテニスを始め、慶應義塾高等学校2年生の時にテニスの名門校である福岡県の柳川高等学校に編入。その後、単身アメリカへ渡り、61年プロに転向。怪我に苦しみながらも、平成4年6月にはシングルス世界ランキング46位(自己最高)に。7年にはウィンブルドンで日本人男子として62年ぶりとなるベスト8に進出。10年現役を卒業。現在はジュニアの育成とテニス界の発展のために力を尽くす一方、スポーツキャスターなど、メディアでも幅広く活躍している。著書に、修造日めくりカレンダー『まいにち、修造!』(PHP研究所)など多数。

強《つよ》いメンタルをつくる「人生《じんせい》の授業《じゅぎょう》」
「心の限界」を突破できる人は、どこが違うのか

令和七年三月二十五日第一刷発行

著者　行徳哲男・松岡修造

発行者　藤尾秀昭
発行所　致知出版社
〒一五〇-〇〇〇一 東京都渋谷区神宮前四の二十四の九
電話　〇三-三七九六-二一一一
ホームページ https://www.chichi.co.jp
Eメール books@chichi.co.jp
印刷・製本　中央精版印刷
落丁・乱丁はお取替え致します。

ISBN978-4-8009-1329-6 C0034